MINISTÈRE DE LA GUERRE

# RÈGLEMENT

sur

# L'INSTRUCTION DU TIR

PARIS

LIBRAIRIE MILITAIRE DE BERGER-LEVRAULT & Cie

Libraires de l'Armée Française

5, RUE DES BEAUX-ARTS

Même maison à Nancy

# RÈGLEMENT

SUR

# L'INSTRUCTION DU TIR

NANCY, IMPRIMERIE BERGER-LEVRAULT ET Cⁱᵉ.

MINISTÈRE DE LA GUERRE

# RÈGLEMENT

sur

# L'INSTRUCTION DU TIR

PARIS

LIBRAIRIE MILITAIRE DE BERGER-LEVRAULT ET Cie

Éditeurs de l'Annuaire de l'Armée

5, RUE DES BEAUX-ARTS, 5

(Même maison à Nancy)

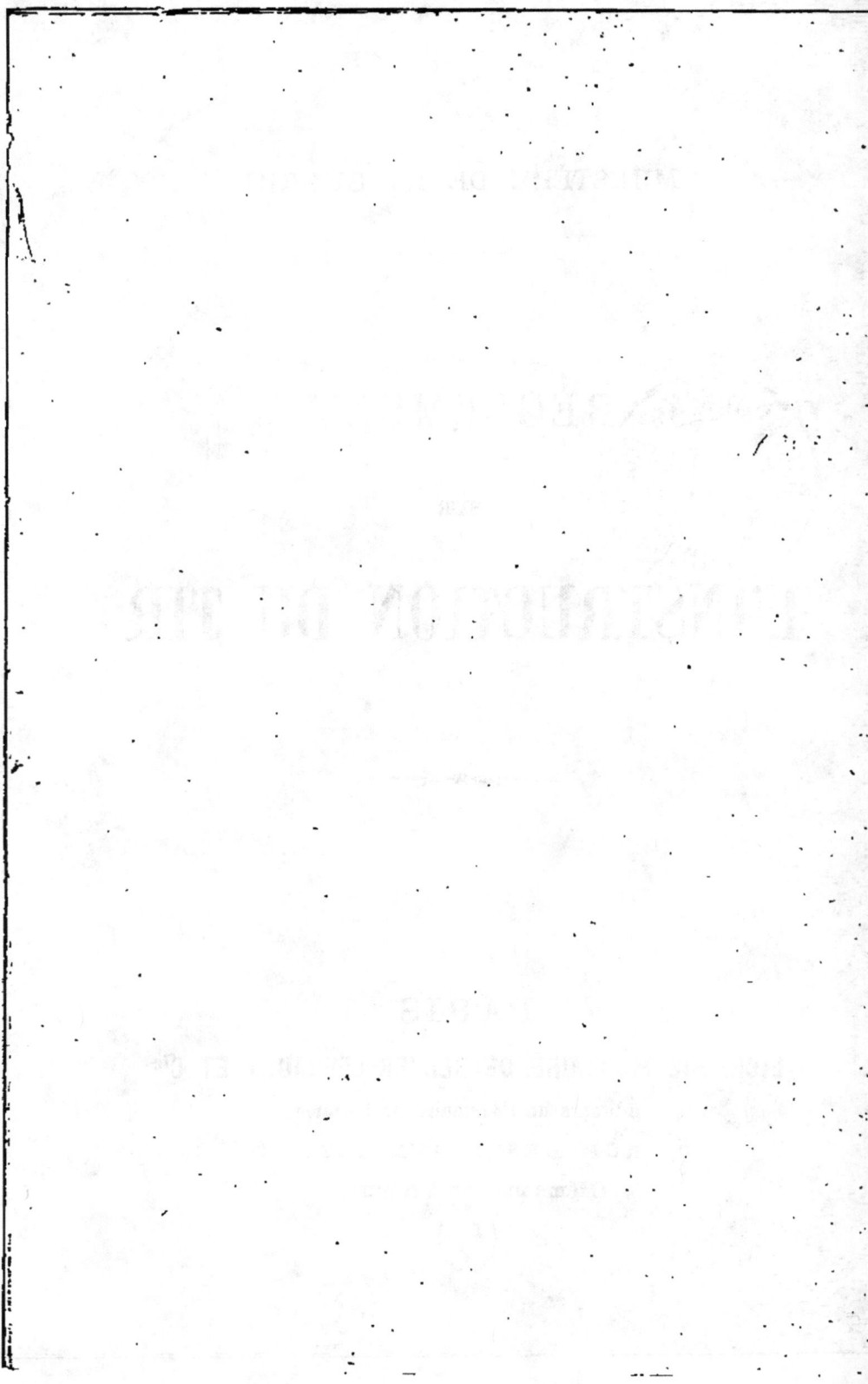

# RAPPORT

## A M. LE MINISTRE DE LA GUERRE

---

Monsieur le Ministre,

Par décision du 4 novembre dernier, une Commission ainsi composée :

MM. le général de division DE NÉGRIER, président;

le colonel DUCHESNE, du 110ᵉ régiment d'infanterie,

le colonel LEBEL, du 120ᵉ régiment d'infanterie,

le lieutenant-colonel LE JOINDRE, commandant l'École normale de tir,

} membres;

le capitaine GORY, instructeur à l'École normale de tir,

le capitaine DESOILLE, officier d'ordonnance de M. le général de Négrier,

} secrétaires-rapporteurs;

a été instituée dans le but de préparer un nouveau règlement sur l'instruction du tir.

Cette Commission a tout d'abord fixé les règles générales de l'emploi et de la conduite des feux.

Ces règles servent de base à la tactique de l'infanterie ; elles permettent en outre de déterminer les principes de l'instruction de tir individuelle et collective des troupes.

Les prescriptions relatives au chargement de l'arme et à l'instruction du tireur ont été rédigées séparément par la Commission et remises, après accord préalable, à la Commission de revision du règlement sur les manœuvres, qui doit les insérer dans l'École du soldat, où leur place est marquée.

Le présent Règlement trace les prescriptions de détail se rapportant à l'enseignement et à la pratique du tir dans les corps de troupe.

Une instruction, séparée du Règlement sur le tir, contient les renseignements dont la connaissance est nécessaire aux officiers sur l'armement, les munitions, les champs de tir et le matériel.

La Commission a l'honneur de soumettre son travail à votre approbation et de vous demander l'abrogation de toutes les dispositions antérieures.

Approuvé le 1<sup>er</sup> mars 1888.

*Le Ministre de la Guerre,*
G<sup>al</sup> LOGEROT.

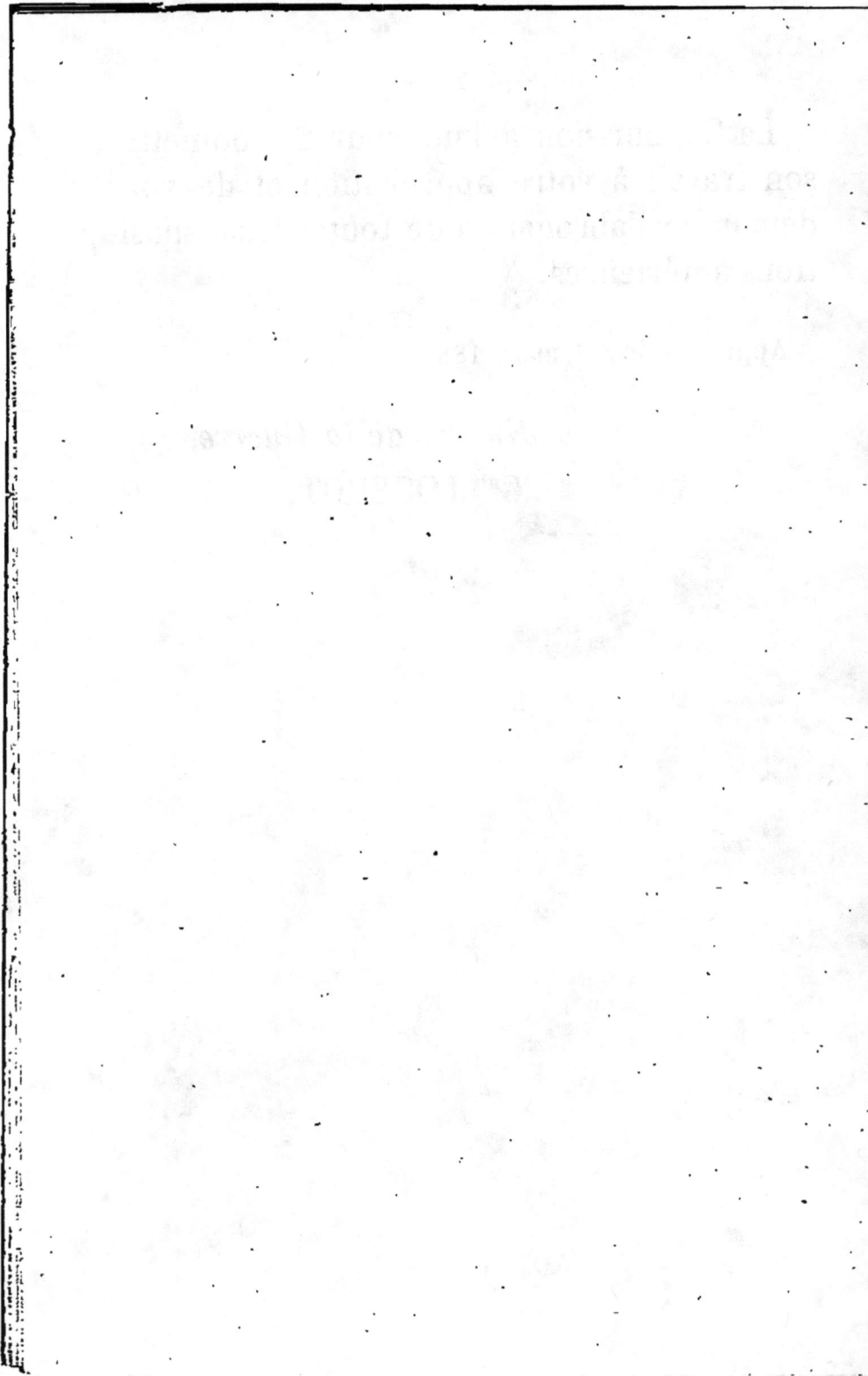

# RÈGLEMENT

SUR

# L'INSTRUCTION DU TIR

➤━⊏⊐⊏⊐━◄

## CHAPITRE I

### ATTRIBUTIONS DES DIVERS GRADES.

**1.** Le colonel s'attache à développer l'instruction du tir par tous les moyens en son pouvoir.

**2.** Le lieutenant-colonel surveille l'exécution des exercices et s'assure que chacun se conforme aux prescriptions du règlement.

**3.** Les chefs de bataillon et les capitaines ont la direction et la responsabilité de l'instruction de leur troupe.

**4.** Un capitaine est désigné dans chaque régiment ou bataillon formant corps pour exercer les fonctions de capitaine de tir.

Dans chaque bataillon, un lieutenant ou sous-lieutenant lui est adjoint.

Ces officiers sont choisis autant que possible

1.

parmi les très bons tireurs ayant suivi les cours d'une école de tir.

Dans chaque compagnie l'adjudant, ou, à son défaut, un sous-officier désigné par le capitaine est particulièrement chargé des détails du tir.

**5.** Le capitaine de tir assiste aux séances de tir.

Il est chargé de l'entretien et, le cas échéant, de la construction du matériel de tir, des travaux d'appropriation et de la police générale des champs de tir. Il a également la surveillance de la réparation des armes. Le lieutenant d'armement est à cet égard sous ses ordres.

Les officiers de tir assistent à tous les tirs des compagnies de leur bataillon. Ils veillent au transport et au placement des panneaux, aux dimensions des cibles et à la conservation du matériel. Ils surveillent les marqueurs et constatent les résultats obtenus.

Les officiers de tir tiennent à jour le carnet de tir de leur bataillon ; ils remettent au capitaine de tir les renseignements nécessaires pour l'établissement des comptes rendus et au chef de bataillon ceux qu'exige la vérification des écritures de tir des compagnies.

**6.** L'adjudant seconde les officiers de la compagnie dans l'exécution de tous les exercices de tir. Il tient le registre de tir de compagnie.

Il reçoit les munitions destinées aux exercices de tir de la journée et veille à leur distribution.

Sur le terrain de tir, il assure le remplacement des cartouches ratées ou avariées.

Il est spécialement chargé de l'instruction des retardataires et des maladroits.

# CHAPITRE II

## ÉCOLE RÉGIMENTAIRE DE TIR.

**7.** L'école régimentaire de tir comprend l'instruction théorique des cadres et la pratique du tir.

**8.** Le lieutenant-colonel réunit quelquefois tous les officiers et examine avec eux les questions de tir susceptibles de recevoir des développements.

Il fait faire des conférences par le capitaine sorti le plus récemment de l'école normale de tir, sur les questions qui peuvent mettre les officiers au courant des progrès réalisés tant sous le rapport de l'armement que sous celui des méthodes d'instruction.

**9.** Les chefs de bataillon s'assurent, par des interrogations, par l'examen de travaux et par le contrôle des exercices de tir, que les officiers sous leurs ordres connaissent toutes les prescriptions du présent règlement ainsi que celles de *l'instruction sur l'armement, les munitions et le matériel de tir*, et les notions théoriques de tir qui leur sont indispensables.

Ils exercent leurs officiers à l'appréciation des distances, à l'usage des télémètres et au réglage du tir.

**10.** Le capitaine est responsable de l'instruction théorique et pratique des sous-officiers et caporaux de sa compagnie ; il désigne l'officier qui doit être chargé, sous sa direction, des détails de cette instruction. Cet officier explique au cadre les notions sommaires sur la théorie du tir contenues dans le chapitre III ci-après.

Cet enseignement est donné de manière à être terminé à l'époque de l'arrivée des recrues.

En cas d'insuffisance du nombre des gradés, le capitaine désigne, parmi les meilleurs tireurs, quelques hommes intelligents qu'il fait dresser en vue de seconder les cadres dans l'instruction à donner aux jeunes soldats.

**11.** Les sous-officiers et les caporaux doivent savoir tout ce qui concerne leurs fonctions dans l'exécution des tirs et les exercices d'appréciation des distances.

## CHAPITRE III

### DÉFINITIONS [1].

**\*12.** La *trajectoire* est la courbe que décrit la balle pendant son trajet dans l'air.

**\*13.** La *ligne de tir* est l'axe du canon indéfiniment prolongé.

**14.** La force qui met la balle en mouvement est appelée *force de projection*.

**15.** La balle est lancée suivant la direction de la ligne de tir, mais dès qu'elle est sortie du canon elle tend à tomber sous l'influence de la pesanteur, en même temps que sa vitesse est ralentie progressivement par la résistance de l'air. La composition

---

1. Les définitions marquées d'un astérisque seront seules apprises aux soldats.

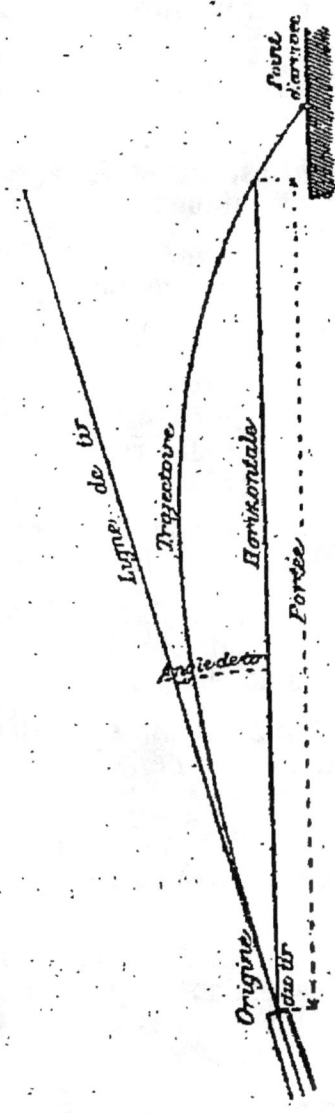

des effets de ces trois forces produit la courbe de la trajectoire.

**16.** La *vitesse initiale* de la balle est la vitesse qu'elle possède à sa sortie du canon.

**17.** Le *recul* est l'effet de la force qui pousse l'arme en arrière au moment du départ du coup.

**18.** On appelle *angle de tir* l'angle de la ligne de tir avec le plan horizontal.

**19.** Le *plan de tir* est le plan vertical passant par la ligne de tir.

**20.** L'*origine du tir* est le point où la balle sort du canon ; celui où elle rencontre le sol prend le nom de *point d'arrivée*.

***21.** La *portée* est la distance du point de départ de la balle à son point de chute.

***22.** La *hausse* est l'appareil qui sert à donner à l'arme l'inclinaison convenable pour atteindre un but plus ou moins éloigné.

***23.** La *ligne de mire* est déterminée par le fond du cran de mire de la hausse et le sommet du guidon.

***24.** *Pointer* c'est diriger la ligne de mire de telle sorte que la trajectoire passe par le but à atteindre.

**25.** Il y a autant de lignes de mire et autant de portées correspondantes que le curseur peut prendre de positions sur ses gradins et le long de la planche de hausse.

**26.** L'*angle de mire* est formé par la ligne de mire et la ligne de tir.

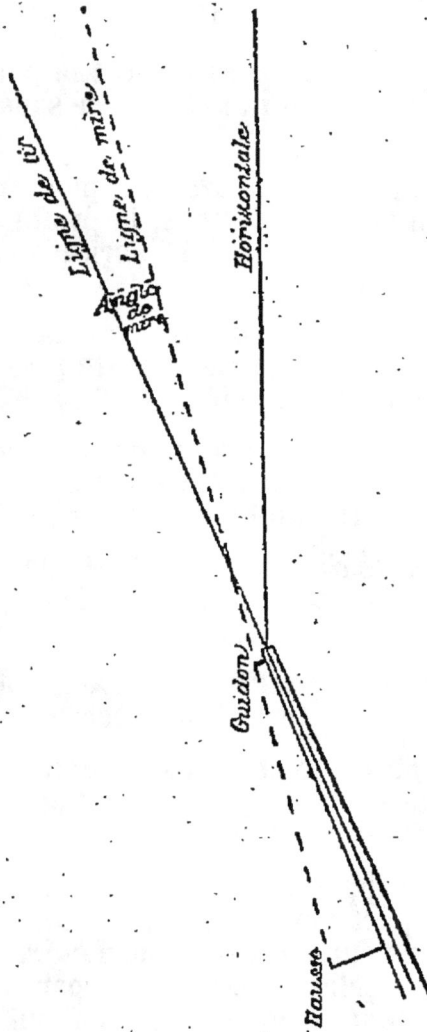

**27.** La *flèche* est la plus grande élévation de la trajectoire au-dessus de la ligne de mire.

**28.** L'empreinte produite par la balle sur le but est désignée sous le nom de *point d'impact*.

**29.** La *zone dangereuse* est la partie du terrain où le but ne saurait être placé sans être atteint par la balle.

**30.** On appelle *zone défilée*, pour un obstacle et pour une distance donnés, la profondeur de terrain que cet obstacle met à l'abri des balles tirées à cette distance

**31.** La *zone de protection* est la partie de la zone défilée où la trajectoire reste plus élevée que le but placé derrière l'obstacle.

**32.** On dit qu'une trajectoire est plus ou moins tendue suivant qu'elle s'élève moins ou plus au-dessus du plan horizontal passant par l'origine du tir.

**33.** L'*angle de chute* est l'angle de la partie descendante de la trajectoire avec la ligne de mire prolongée.

**34.** L'*angle d'arrivée* est l'angle de la partie descendante de la trajectoire avec le sol.

**35.** Le *point* de chute est le point où la partie descendante de la trajectoire coupe le prolongement de la ligne de mire.

**36.** On appelle *groupement* la réunion des points d'impact obtenus en tirant un certain nombre de coups sur un même but. Le *groupement individuel* est celui qui est produit par un seul tireur. Le *groupement collectif* est celui qui est produit par une troupe.

**37.** Le point central d'un groupement est appelé *point moyen*.

**38.** La distance d'un point d'impact au point visé prend le nom d'*écart*.

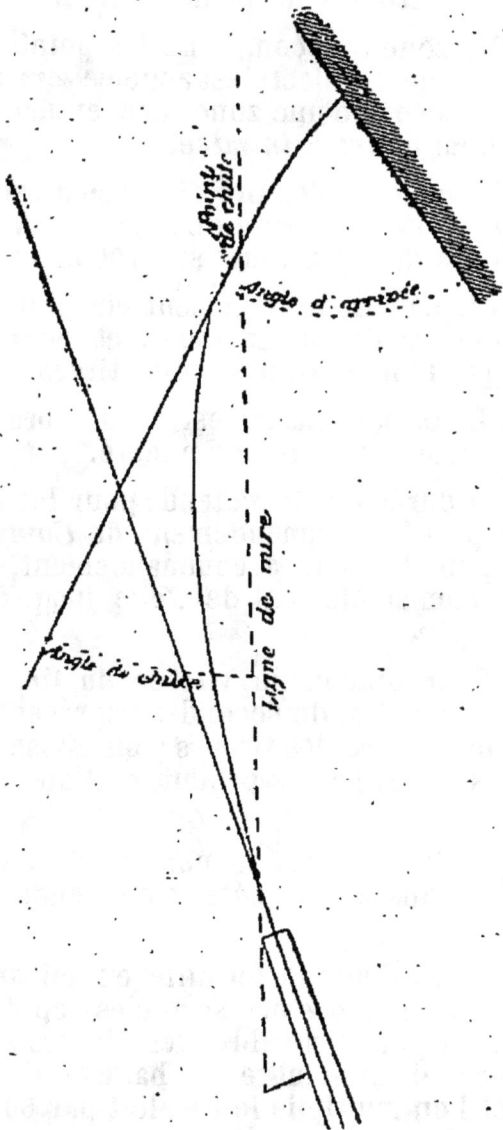

Point de chute

Angle d'arrivée

Angle de chute

Ligne de mire

**\*39.** La *gerbe* est l'ensemble des trajectoires d'un tir collectif sur un même but.

**40.** La zone qui comprend les points d'arrivée d'un groupement collectif est appelée *terrain battu.* Elle est précédée d'une zone dangereuse désignée sous le nom de *terrain rasé.*

**41.** La justesse des tirs d'exercice est mesurée par le *pour-cent,* c'est-à-dire par le nombre de balles mises de plein fouet sur 100 balles tirées.

**42.** On calcule le pour-cent en multipliant par 100 le nombre de balles mises et en divisant le produit par le nombre des balles tirées.

**\*43.** La *vitesse du tir* est le nombre de coups qu'un homme tire dans une minute.

**44.** La durée du tir s'étend, pour les feux à volonté, depuis le commandement de *Commencez le feu,* et, pour les feux à commandement, depuis le premier commandement de *Joue* jusqu'à celui de *Cessez le feu.*

**45.** Pour obtenir la vitesse du tir, on fait le produit du nombre de secondes représentant la durée par le nombre des tireurs ; on divise le nombre des balles tirées par ce produit et l'on multiplie le résultat par 60.

**46.** L'*effet utile* est le nombre de balles qu'un tireur met dans un but déterminé pendant une minute.

**46 *a*.** On calcule l'effet utile en faisant d'abord le produit du nombre des secondes représentant la durée du tir par le nombre des tireurs ; on divise par ce produit le nombre des balles qui ont atteint le but, et l'on multiplie le résultat par 60.

**\*47**. Les circonstances atmosphériques influent sur la portée et la direction du tir.

Un vent qui souffle perpendiculairement au plan de tir porte les coups à gauche ou à droite selon qu'il vient de droite ou de gauche. S'il souffle parallèlement au tir, il diminue ou augmente la portée suivant qu'il vient d'avant ou d'arrière. Lorsqu'il souffle obliquement, il produit à la fois des déviations en direction et en portée.

Les portées s'accroissent à mesure que la température s'élève ; elles décroissent à mesure que la température s'abaisse.

La sécheresse diminue la densité de l'air et augmente la portée. L'humidité, la pluie, la neige, augmentent la densité de l'air et produisent une diminution de la portée.

# CHAPITRE IV

## APPRÉCIATION DES DISTANCES.

## Considérations générales.

**48.** Pour appliquer les règles de tir, une troupe doit connaître approximativement la distance qui la sépare du but.

Dans les tirs de combat et devant l'ennemi, la distance est généralement inconnue et il faut l'apprécier aussi rapidement et exactement que possible afin de régler le tir en conséquence.

L'appréciation des distances à la vue est enseignée jusqu'à 600 mètres aux soldats et jusqu'à 1,200 mètres aux officiers, sous-officiers, caporaux et élèves-caporaux.

# ARTICLE 1er.

## Étalonnage du pas et mesure des distances au pas.

**49.** Avant d'apprécier les distances à la vue, on commence par apprendre à les mesurer au pas.

**50.** L'étalonnage du pas fait connaître à chacun le nombre de pas qu'il doit faire pour mesurer 100 mètres.

A cet effet, on marque une longueur de 100 mètres ainsi que les divisions de 10 en 10 mètres ou tout au moins l'une extrême de ces divisions.

Les observateurs parcourent à tour de rôle le terrain mesuré, deux, trois ou quatre fois, en comptant le nombre de pas fait dans la longueur de 100 mètres. On établit la moyenne pour chacun d'eux et l'on en déduit le nombre de pas qu'il doit faire pour mesurer 100 mètres et 10 mètres. L'exactitude de l'opération est vérifiée sur le terrain même.

**51.** On procède ensuite à l'évaluation d'une distance mesurée à la chaîne en la parcourant au pas.

Lorsque chaque observateur a compté le nombre de pas qui, pour lui, représente 100 mètres, il lève un doigt et recommence ainsi la numération jusqu'à ce qu'il soit arrivé au but.

Une distance est considérée comme ayant été bien mesurée lorsque l'erreur commise n'est pas supérieure à 2 mètres pour 100 mètres.

**52.** La mesure des distances au pas ne donne des résultats exacts que sur des terrains plats ou faiblement ondulés.

## ARTICLE 2.

### Appréciation des distances à la vue.

**53.** La mesure des distances au pas est suivie des exercices d'appréciation à la vue.

L'appréciation d'une distance à la vue est basée sur le degré de visibilité du but, sur sa hauteur apparente lorsqu'on connaît ses dimensions, ou sur la comparaison de son éloignement avec une distance connue que l'homme a devant les yeux ou qu'il a pu, par de nombreux exercices, se graver dans la mémoire.

Ces divers procédés sont employés simultanément.

**54.** Cette instruction est donnée conformément aux indications qui suivent :

L'instructeur fait porter en avant quatre hommes qui se placent deux par deux à 200 et à 400 mètres en lui faisant face. Ces distances sont mesurées au pas. Un des hommes reste debout et immobile, l'autre se tient à cinq ou six pas sur le flanc du premier et fait les mouvements habituels du soldat pendant le combat.

L'instructeur fait remarquer que les différentes parties du corps, de l'habillement et de l'armement se distinguent moins nettement à 400 mètres qu'à 200 mètres. Il explique que c'est par les différences observées dans la netteté de la vision de ces divers objets qu'on peut acquérir une certaine notion des distances. Il recommande de ne pas faire d'observations trop minutieuses, d'examiner de préférence les parties supérieures du corps (ses parties inférieures étant souvent masquées), et de ne pas s'attacher aux couleurs de l'uniforme qui diffèrent pour les diverses nations.

Ces observations sont tout à fait personnelles et varient avec la vue de chacun.

**55.** L'instructeur signale en outre quelques remarques basées sur la hauteur apparente du but.

La hauteur apparente des hommes ou des objets diminue à mesure que leur éloignement augmente.

La hauteur du guidon au-dessus de son embase couvre toute la hauteur de l'homme debout à 400 mètres.

**56.** L'instructeur fait ensuite procéder à l'application des observations faites en envoyant un soldat dans une direction autre que celle où les quatre hommes sont établis. Il fait évaluer la distance à laquelle le soldat s'est arrêté, recueille les observations et fait mesurer cette distance au pas.

**57.** Les exercices d'appréciation des distances sont continués entre 400 et 600 mètres. Au lieu d'hommes isolés, l'instructeur fait placer à 400 et à 600 mètres des groupes de quatre hommes; il fait répéter sur ces groupes les mêmes observations que sur les hommes isolés.

Il envoie de nouveaux hommes dans différentes directions et à des distances comprises entre 400 et 600 mètres et fait procéder à l'appréciation de ces distances comme il a été indiqué.

**58.** Enfin, les exercices d'appréciation sont faits sans le secours de groupe de comparaison.

**59.** Les appréciations à la vue sont poussées jusqu'à 1,200 mètres.

Entre 600 et 1,200 mètres, les observations sont faites sur des groupes présentant la force d'une escouade ou d'une demi-section.

**60.** Si les localités s'y prêtent, l'instructeur fait

répéter ces exercices sur des terrains accidentés. Il fait remarquer comment l'apparence des objets se modifie d'après la couleur du fond sur lequel ils se détachent, suivant qu'ils sont bien éclairés ou dans l'ombre; qu'ils sont sur un terrain uni ou sur un terrain accidenté.

**61.** Les exercices d'appréciation des distances à la vue ont lieu par tous les temps et dans toutes les saisons.

### ARTICLE 3.

## Appréciation des distances au moyen du son.

**62.** Tant que, dans les armées étrangères, on continuera à faire usage des poudres noires actuellement en service, dont la combustion produit une fumée visible de loin, l'appréciation des distances au moyen du son conservera son utilité.

Les officiers, sous-officiers, caporaux et élèves-caporaux seront exercés à l'appréciation des distances au moyen du son. Les soldats ne recevront pas cette instruction.

On y emploiera des cartouches sans balle modèle 1874.

**63.** Le son parcourt environ 333 mètres par seconde.

Lorsqu'on aperçoit la fumée ou la lueur d'un coup de feu, il s'écoule un certain temps avant qu'on entende la détonation. Si l'on évalue ce temps en secondes, on en pourra déduire la distance que le son a parcourue.

**64.** On compte les secondes écoulées entre la vue et l'audition du coup de feu à l'aide d'une cadence

mentale réglée de façon à compter de 1 à 10 en 2
secondes; chacun des 10 premiers nombres correspond ainsi à un parcours du son représenté par un
nombre égal d'hectomètres.

**65.** On procède ensuite à l'application de cette
cadence pour apprécier les distances.

L'instructeur fait placer à une distance préalablement mesurée un groupe de 4 hommes pouvus de
cartouches sans balle modèle 1874. A un signal de
l'instructeur, ces 4 hommes exécutent un feu de
salve. Les observateurs comptent le temps écoulé
entre la vue de la fumée ou de la flamme du coup
de feu et l'audition de la détonation et en déduisent
la distance.

On devra s'habituer à bien commencer la numération dès le premier jet de fumée ou de flamme,
sans quoi, on s'exposerait à commettre des erreurs
importantes.

**66.** Cet exercice ayant été répété à des distances variées mais toujours connues, une escouade
est détachée vers un abri du terrain derrière lequel
elle s'établit en se masquant.

Les observateurs sont portés sur un point quelconque, à distance inconnue de cette escouade.

Quand l'instructeur fait sonner *Commencez le
feu,* l'escouade détachée exécute un feu à volonté
très lent, en brûlant une ou deux cartouches par
homme.

Les observateurs apprécient la distance au moyen
de la cadence mentale, en s'efforçant de ne pas
confondre les coups de fusil.

Le feu terminé, on mesure la distance.

L'instructeur fait ensuite placer les tireurs sur
un autre point, et le même exercice est repris dans
ces conditions nouvelles.

**67.** Aux distances supérieures à 800 mètres, on remplace le feu à volonté par des feux de salve.

## ARTICLE 4.

## Exercices d'appréciation des distances à l'aide d'instruments.

**68.** Les chefs de bataillon enseignent à leurs officiers l'usage des télémètres en service dans l'infanterie. Ils profitent de tous les exercices extérieurs pour leur faire faire de nombreuses applications.

**69.** Tous les sous-officiers qui présenteront une aptitude suffisante seront également exercés à la pratique des télémètres.

## CHAPITRE V.

### PRATIQUE DU TIR.

----

### Observations générales.

**70.** Le capitaine de tir est responsable de l'entretien du matériel de tir, des dimensions des objectifs et du bon état des abris qui doivent toujours protéger efficacement les marqueurs.

Il rend compte au lieutenant-colonel des travaux nécessaires et demande les moyens de transport et les hommes de corvée dont il a besoin pour assurer son service.

Il rédige et soumet à l'approbation du chef de

corps la consigne pour assurer la police générale du champ de tir.

**71.** Chaque officier de tir est chargé de faire placer les objectifs devant servir aux exercices de tir des compagnies de son bataillon.

Pour les tirs individuels, les cibles et les silhouettes ou groupes de silhouettes sont espacés au moins de 4 mètres d'axe en axe. Chaque cible est pourvue de tous les accessoires nécessaires : fanion, tampon, pot et pinceau à colle, boîte renfermant des ronds de papier noir et blanc découpés à l'emporte-pièce, feuilles de papier noir et blanc de grand format, lunettes de cantonnier. Pour les autres tirs, ces accessoires sont en rapport avec le nombre et les dimensions des objectifs employés.

Les officiers de tir assurent, sous le contrôle de l'officier supérieur présent, l'exécution des mesures prévues par la consigne réglant la police générale du champ de tir.

Une demi-heure avant la séance, les officiers du tir font sonner la retraite et placer un fanion rouge au sommet de la butte.

Lorsqu'un exercice de tir a lieu en dehors du champ de tir habituel, les officiers de tir font placer des sentinelles chargées d'interdire l'accès du terrain dangereux.

**72.** Avant le commencement d'un tir individuel, les officiers de tir s'assurent que les marqueurs sont au nombre de deux devant chaque cible et qu'ils connaissent bien leur rôle.

Un sous-officier est chargé de la surveillance des marqueurs dans la tranchée.

On donne à chaque sous-officier et à chaque marqueur une paire de lunettes de cantonnier.

**73.** Dans les tirs individuels d'instruction, les officiers de tir font placer sur la ligne des cibles un panneau de 2 mètres de côté recouvert de papier quadrillé au décimètre. Ce panneau sert à déterminer les corrections de pointage particulières à la séance.

Avant l'arrivée de la première compagnie, l'officier de tir du bataillon exécute sur appui, avec un fusil bien réglé, un tir de 12 balles en visant toujours un même point du panneau, marqué par le bord inférieur d'un cercle ou d'un carré noir dont le diamètre ou le côté est égal au millième de la distance.

L'officier de tir détermine ensuite le point moyen du groupement ainsi obtenu.

Le point à viser qui en résulte est marqué sur une cible réglementaire à l'aide d'un cercle ou d'un carré en papier noir ayant les dimensions indiquées ci-dessus. Cette cible est placée à droite ou à gauche, sur l'alignement des cibles destinées au tir de la séance, et de façon à être vue par chaque tireur pendant toute la durée du tir.

Au delà de 400 mètres, on place, s'il est nécessaire, un second panneau recouvert de papier quadrillé à côté du premier. Le point à viser est ensuite déterminé comme il vient d'être dit.

Si, dans le cours d'une séance, les circonstances atmosphériques subissent de notables variations, l'officier de tir détermine de nouveau le point à viser.

**74.** Après chaque tir, les officiers de tir vérifient les résultats, les inscrivent sur leur carnet et les communiquent à leur chef de bataillon.

Ils reçoivent des commandants de compagnies tous les renseignements relatifs aux accidents qui se produisent durant la séance : difficultés d'introduction ou d'extraction, franchissements de l'extracteur, crachements, ruptures au collet ou au culot, ratés, enrayages, etc. Ils font mettre de côté les cartouches ou les étuis qui ont donné lieu à des accidents.

Ils veillent à ce que les trous soient bouchés avec soin sur les cibles.

**75.** Si, pendant la séance, une arme est signalée comme donnant de mauvais tirs, le commandant de la compagnie vérifie sommairement ou fait vérifier par l'officier de tir, la précision et le réglage de cette arme. Il juge si les mauvais résultats du tir sont imputables seulement à la maladresse du tireur ou s'ils sont la conséquence d'une défectuosité de l'arme. Dans ce dernier cas, le fusil est mis de côté pour être soumis à un nouvel examen du capitaine de tir. Il est ensuite réglé ou réparé suivant les indications données à la suite de ce second examen.

**76.** Les deux marqueurs affectés à chaque cible sont : un porte-fanion et un tamponneur.

Avant de faire commencer le feu, le capitaine de tir ou l'officier de tir fait exécuter la sonnerie de *Garde à vous*. Aussitôt les porte-fanions lèvent les fanions verticalement pour montrer qu'ils sont prêts.

Quand tous les fanions sont en vue, le capitaine ou l'officier de tir fait sonner *Commencez le feu*. Les fanions sont immédiatement baissés.

Lorsqu'une balle frappe la cible dans la zone intérieure, le porte-fanion agite son fanion de droite à gauche et de gauche à droite. Si la balle touche la zone extérieure, le fanion est agité verticalement. Enfin, le fanion est levé mais maintenu immobile si la balle frappe la cible en dehors de la surface à atteindre.

Pendant ce temps, le tamponneur bouche le trou. Tant que dure cette opération, le signal fait par le porte-fanion doit continuer. Le tampon ne doit donc jamais être sorti de la tranchée sans être accompagné du fanion.

Dans les tirs individuels préparatoires et d'instruction, les marqueurs reconnaissent les balles mises par ricochet à la forme irrégulière et allongée des empreintes qu'elles produisent dans la cible et ne les signalent pas. Ces empreintes ne sont bouchées qu'à la fin de la séance de tir.

**77.** Quand il y a lieu de faire cesser le feu, le capitaine ou l'officier de tir fait sonner *Cessez le feu*. A cette sonnerie, le feu cesse sur toute la ligne ; les porte-fanions lèvent les fanions pour montrer qu'ils ont entendu.

Le capitaine ou l'officier de tir fait ensuite sonner *Levez-vous*. Les marqueurs peuvent alors sortir de la tranchée.

Si, durant la séance, un accident ou toute autre cause oblige les marqueurs à demander la suspension du feu, le chef des marqueurs fait lever les fanions. A ce signal, le feu cesse et les armes sont déchargées. Le capitaine ou l'officier de tir fait sonner *Cessez le feu* et *Levez-vous*. A cette dernière sonnerie seulement, les marqueurs peuvent sortir de la tranchée.

Afin d'éviter toute confusion pouvant amener des accidents, les sonneries mentionnées ci-dessus sont seules permises pendant le tir. On s'abstient également de toute sonnerie aux abords du champ de tir, soit à l'arrivée, soit au départ.

**78.** Les exercices de tir réduit, les tirs prépa-

2.

ratoires, les tirs individuels d'instruction et les tirs de concours ont lieu en tenue d'exercice, sans le sac.

Les tirs individuels d'application et les tirs collectifs sont faits en tenue d'exercice avec le sac chargé.

Les tirs de combat s'exécutent en tenue de campagne.

**79.** Avant chaque tir, les sous-officiers s'assurent que les armes sont en parfait état et que le mécanisme de la culasse mobile fonctionne bien.

Leur attention se porte particulièrement :

1° Sur l'âme, dans laquelle il ne doit rester ni chiffons ni corps étrangers ;

2° Sur la chambre ; elle doit être onctueuse au toucher et ne pas présenter de bavures à l'entrée ;

3° Sur le logement des tenons de la tête mobile et l'aminci circulaire ; ils doivent être parfaitement propres ;

4° Sur les rampes ; elles sont toujours bien graissées afin d'éviter les grippements ;

5° Sur le percuteur ; il doit avoir environ trois millimètres de saillie hors de la tête mobile quand le chien est à l'abattu ;

6° Sur la marche du chien et de la gâchette ; on arme et l'on fait partir le chien plusieurs fois de suite afin de s'assurer que le percuteur joue librement dans son canal ; que le ressort à boudin ne frotte ni dans son logement ni sur le percuteur ; que la gâchette appelle franchement et qu'il n'existe aucun frottement pouvant gêner le départ ou la manœuvre de l'arme.

Lorsqu'on doit tirer à répétition, leur attention se porte en outre :

1°. Sur l'auget ; il doit s'abaisser et se relever

franchement et rester fixe dans ses deux positions extrêmes ;

2° Sur la marche du mécanisme de répétition ; on introduit des fausses cartouches dans le magasin et l'on manœuvre plusieurs fois de suite la culasse mobile pour s'assurer que le ressort à boudin du magasin est suffisamment souple et énergique, que le piston ne frotte pas, que la griffe de l'arrêt de cartouche permet l'introduction des cartouches et s'oppose à leur sortie ; que les mouvements de l'auget et ceux de l'arrêt de cartouche sont concordants, que les cartouches passent facilement de l'auget dans le canon, qu'elles sont éjectées sans difficulté et qu'il n'existe aucune dégradation pouvant causer des enrayages.

Après le tir, on s'assure qu'aucune arme n'est chargée et qu'il ne reste aucune cartouche dans le magasin. Faute de cette dernière précaution, une cartouche oubliée pourrait passer sans qu'on s'en aperçoive du magasin dans le canon et occasionner ainsi de sérieux accidents.

On examine spécialement les armes qui n'ont pas fonctionné régulièrement. En règle générale, un fusil trouvé défectueux doit être soumis à l'examen du commandant de la compagnie et envoyé, s'il y a lieu, au chef armurier.

## ARTICLE 1er.

## Allocations de munitions.

**80.** Dans chaque corps de troupe, il est alloué à chaque officier et à chaque homme ayant appartenu à l'effectif pendant l'année les quantités de munitions indiquées au tableau ci-après :

| DÉSIGNATION DES PARTIES PRENANTES. | | CARTOUCHES à balle | | CARTOUCHES sans balle pour fusil 1886. |
|---|---|---|---|---|
| | | modèle 1886. | pour revolver. | |
| Armée active. | Officiers . . . . . | 120 | 36 [1] | » |
| | Hommes armés du fusil . . . . . | 120 | » | 50 [2] |
| | Hommes armés du revolver . . . . | 120 | 36 | » |
| Réserve. | Officiers . . . . . | 27 | 12 [1] | » |
| | Hommes armés du fusil . . . . . | 27 | » | 20 [3] |
| | Hommes armés du revolver . . . . | 27 | 12 | » |
| Armée territoriale. | Officiers . . . . . | 20 | 12 [1] | » |
| | Hommes armés du fusil . . . . . | 20 | » | 6 |
| | Hommes armés du revolver . . . . | 20 | 12 | » |

1. 90 cartouches à balle pour revolver, peuvent être distribuées chaque année, à titre remboursable, à chaque officier de l'armée active, de la réserve ou de l'armée territoriale.

2. Il n'est pas alloué de cartouches sans balle au régiment des sapeurs-pompiers de Paris.

3. Pour les réservistes ne participant pas aux manœuvres.

NOTA. — Les compagnies de discipline ont droit, suivant leur armement, à 30 cartouches à balle pour fusil et à 36 cartouches à balle pour revolver.

**81.** Les concours de tir sont effectués avec des cartouches à balle prélevées sur les allocations annuelles.

Les cartouches nécessaires pour les tirs de combat sont allouées à raison de 50 par homme participant à ces exercices.

**82.** Des décisions ministérielles spéciales fixent chaque année les quantités de cartouches sans balle allouées aux corps qui participent aux manœuvres d'automne.

**83.** En principe, toutes les munitions allouées pour les exercices de tir sont consommées dans l'année.

Si, après la clôture des tirs réglementaires, il reste des cartouches non consommées, elles sont consacrées à des tirs de perfectionnement.

## ARTICLE 2.

### Tir réduit.

**84.** Il n'est pas exécuté de tir réduit avec le fusil modèle 1886. Ce tir est effectué au moyen de fusils modèles 1874, 1884 ou 1885.

**85.** Il est alloué annuellement à chaque homme ayant appartenu à l'effectif d'un corps de troupe 100 cartouches de tir réduit.

**86.** Toutes ces cartouches sont tirées à la distance de 15 mètres. Néanmoins, les stands ayant 30 ou 45 mètres de longueur seront maintenus en état afin de pouvoir être utilisés ultérieurement pour l'exécution de tirs réels à distance réduite.

**87.** Les capitaines ont la libre disposition des cartouches de tir réduit allouées aux compagnies. Ils en emploient une partie à exercer leurs hommes à faire de fréquentes corrections de pointage. Ils en prélèvent un certain nombre pour démontrer le rôle de la hausse par le procédé indiqué ci-après.

**88.** L'instructeur, après avoir expliqué que le fusil doit être d'autant plus incliné au-dessus du plan horizontal que le but à atteindre est plus éloigné, démontre pratiquement : 1º que si l'on vise toujours le même point en élevant le cran de mire, le bout du canon s'élève en même temps qu'on remonte le curseur sur les gradins ou sur la planche de hausse ; 2º que si l'on penche l'arme à droite ou à gauche, les coups portent toujours du côté où l'arme penche et plus bas.

**89.** A cet effet, le fusil chargé étant disposé sur un chevalet de pointage, placer une mouche à la partie inférieure d'une cible située à 15 mètres ; viser ce point avec la hausse de 200 mètres, l'arme ne penchant ni à droite ni à gauche.

Les soldats ayant constaté la régularité du pointage, faire partir le coup sans déranger l'arme, et remarquer la position du point d'impact de la balle par rapport au point visé.

Recommencer l'opération en visant toujours le même point avec des lignes de mire correspondant à des distances de plus en plus grandes.

L'instructeur fait constater aux soldats que les points d'impact s'élèvent d'autant plus au-dessus du point visé qu'on emploie une hausse plus forte. Il leur explique que les balles atteindraient des buts d'autant plus éloignés que les points où elles ont frappé la cible sont plus élevés.

**90.** Pour rendre sensibles les erreurs de pointage résultant de ce que la hausse et le guidon penchent à droite ou à gauche, l'instructeur emploie un procédé analogue ; il vise un point avec le cran de mire de 1,300 mètres ; puis, sans déranger l'arme, il tire une cartouche de tir réduit. Le point visé et le point d'impact se trouvent à peu près sur une même verticale.

Soient O le point visé et A l'empreinte de la première balle. L'instructeur penche fortement l'arme à droite et vise le point O avec la hausse de 1,300 mètres ; il tire ensuite une seconde cartouche de tir réduit qui frappe la cible en C, par exemple. Ce point est à droite de la verticale A O et plus bas que le point A de la quantité A B.

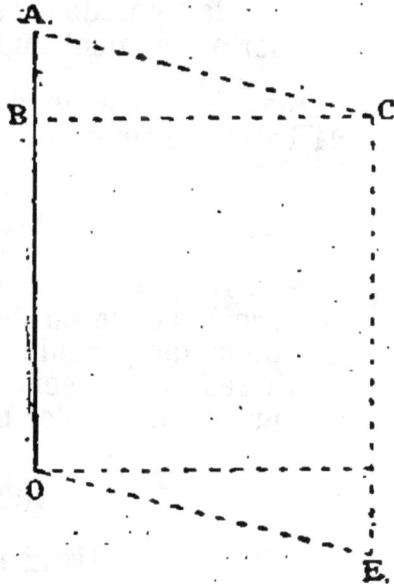

Si la cible avait été placée plus loin, la première balle, au lieu de frapper au-dessus du point visé, aurait touché ce point. Dans les mêmes conditions, la seconde balle viendrait donc toucher la cible en E, c'est-à-dire du côté où l'arme penche et plus bas que le point visé.

**91.** Avant de commencer le tir d'une série, huiler fortement l'intérieur du canon, cette précaution étant indispensable pour faciliter le glissement des balles.

Pendant le tir, si une balle reste dans l'âme, l'enlever avec la baguette et huiler de nouveau le canon.

**92.** L'objectif du tir réduit est un cercle de 10 centimètres de diamètre tracé sur la cible.

**93.** Durant les séances de tir réduit, et pour les

hommes dont le tir est irrégulier, les sous-officiers vérifient, au moyen de l'appareil à contrôler le pointage, si la ligne de mire est bien dirigée sur le point à viser au moment où le tireur fait partir le coup.

**94.** Les soldats doivent avoir tiré au moins 24 balles de tir réduit avant de commencer le tir à la cible.

**95.** Il n'y a pas de comptabilité de tir réduit.

**96.** Il est alloué à chaque homme de la réserve de l'armée active ou de l'armée territoriale, convoqué pour une période d'instruction, 18 cartouches de tir réduit, qui sont consommées conformément aux prescriptions des numéros 86 et suivants.

## ARTICLE 3.

## Tirs individuels d'instruction.

**97.** Ces tirs comprennent des tirs préparatoires et des tirs d'instruction. Ils sont exécutés conformément aux indications du tableau ci-après :

TABLEAU.

| NÚMÉROS des séances. | DISTANCES de tir. | ESPÈCES DE TIRS. | NOMBRE de cartouches à balle. | |
|---|---|---|---|---|
| | mèt. | **1° TIRS PRÉPARATOIRES.** | | |
| 1 | 100 | Debout, sur appui, sur la cible de 0m,50 de diamètre. . . . . . . | 4 | |
| 2 | 100 | Debout, sur appui, sur la cible de 0m,50 de diamètre. . . . . . . | 4 | 12 |
| 3 | 100 | A genou, à bras francs, sur la cible de 0m,50 de diamètre . . . . . . | 4 | |
| | | **2° TIRS D'INSTRUCTION.** | | |
| 4 | 200 | A genou, sur la cible de 1 mètre de diamètre. . . . . . . . . | 6 | |
| 5 | 200 | Debout, sur la cible de 1 mètre de diamètre. . . . . . . . . | 6 | |
| 6 | 300 | Debout, sur la cible de 1m,50 de diamètre. . . . . . . . . | 6 | |
| 7 | 400 | A genou, sur la cible de 2 mètres de diamètre. . . . . . . . . | 6 | |
| 8 | 400 | Couché, sur la cible de 2 mètres de diamètre. . . . . . . . . | 6 | 48 |
| 9 | 600 | Couché, sur la cible rectangulaire de 3 m. de base sur 2 m. de hauteur. . | 6 | |
| 10 | 200 | Debout, avec la baïonnette au canon, sur la cible de 1 mètre de diamètre. | 6 | |
| 11 | 200 | A genou, sur la cible de 1 mètre de diamètre. . . . . . . . . | 6 | |
| | | Total. . . . . . . . . | 60 | |

**98.** Jusqu'à la distance de 400 mètres inclusivement, la surface destinée à recevoir les balles est une cible carrée, de 2 mètres de côté, dont le cadre est en bois.

Pour le tir aux distances de 100, 200, 300 et 400 mètres, on trace au centre de ce panneau des cercles qui ont respectivement 0$^m$,50, 1 mètre, 1$^m$,50 et 2 mètres de diamètre.

Ces cercles sont tracés au crayon. A l'intérieur de chacun d'eux, on trace également au crayon un cercle concentrique d'un diamètre moitié moindre.

A 600 mètres, la surface à atteindre est un rectangle de 3 mètres de base sur 2 de hauteur, au centre duquel on trace un autre rectangle de dimensions deux fois plus petites.

On trace sur les cibles deux axes, l'un vertical et l'autre horizontal, qui se coupent au centre de la cible. Jusqu'à 400 mètres, ces axes ont une largeur de 5 centimètres ; à 600 mètres, ils sont larges de 10 centimètres.

### Tirs préparatoires.

**99.** Le premier coup de fusil tiré par un homme influe sur les résultats de ses tirs ultérieurs. Il importe donc que ce début se fasse dans les meilleures conditions et que le soldat n'en conserve aucune mauvaise impression. Le sous-officier s'assure notamment que le tireur a pris une position correcte et que la crosse est fortement appuyée à l'épaule de manière à rendre presque insensible l'effet du recul.

Les trois premières séances de tir sont dites *préparatoires*. Elles ont pour but de confirmer les recrues dans l'exactitude du pointage, de les habituer à la détonation et au recul, et de donner à chaque ancien soldat une idée des déviations particulières à son arme.

A cet effet, à mesure que les trous sont bouchés, un gradé placé auprès du tireur indique sur un figuratif de la cible la position de chaque point d'impact. Le tir achevé, il détermine la position approximative du point moyen et fait connaître au soldat comment porte son fusil par rapport au point visé.

Il lui explique que, dans les séances suivantes, son tir sera d'autant meilleur que les groupements produits seront plus serrés et qu'ils seront plus rapprochés du centre de la cible. Il lui indique, d'après les résultats des tirs préparatoires, la correction du pointage à faire pour ramener ses groupements au centre de la cible.

Les tirs préparatoires ne sont ni comptés pour le classement ni mentionnés sur les livrets individuels.

## Tirs d'instruction.

**100.** Pour l'exécution des tirs préparatoires et des tirs d'instruction, la compagnie est fractionnée en demi-sections ou escouades, suivant son effectif et le nombre des cibles qui lui sont affectées.

La fraction qui doit tirer est formée parallèlement à la ligne des cibles et à dix pas en arrière du point que doit occuper le tireur. Les hommes ont l'arme au pied.

Les fractions qui attendent leur tour restent à vingt pas en arrière, forment les faisceaux et observent le silence.

Ces dispositions préliminaires étant prises, on commence le feu.

**101.** Les officiers tirent les premiers, les sous-officiers tirent ensuite. Quand leur tir est terminé, l'homme de droite de chaque fraction se porte au point que doit occuper le tireur, charge son arme et tire de suite ses six balles dans la position prescrite.

Après chaque coup, le tireur constate le résultat de son tir d'après la position du tampon.

Il se retire ensuite par la gauche et va se placer,
l'arme au pied, à cinq pas en arrière de la droite de
la fraction à laquelle il appartient.

L'homme du second rang de la première file remplace aussitôt celui du premier, se conforme à ce
qui est prescrit ci-dessus, puis va se placer derrière
son chef de file.

Le tir s'exécute ainsi, dans chaque fraction, avec
ordre et sans précipitation. Au moment où le tir de
la première fraction est près d'être terminé, la fraction suivante est rassemblée, puis portée en avant
à la place de la première dès que le dernier homme
de celle-ci a tiré. Le tir recommence de la même
manière.

**102.** Un sous-officier se tient auprès du tireur
pour inscrire les résultats et prévenir toute maladresse. S'il s'aperçoit d'une certaine agitation chez
le tireur, il lui prescrit de quitter la position et de
se reposer ; s'il constate qu'il a mal appliqué les
principes, il le fait exercer pendant quelques ins-
tants après le tir.

Il est avantageux d'adjoindre à ce sous-officier un
homme pourvu d'un figuratif de la cible. Après
chaque balle tirée, cet homme marque la position
du point d'impact. Chaque tireur a ainsi, à la fin de
son tir, une idée du groupement de ses coups.

**103.** On marque deux points pour toute balle
ayant atteint la zone intérieure, un point pour toute
balle ayant touché la zone extérieure et zéro pour
toute balle ayant frappé la cible en dehors de la
surface à atteindre. La balle ayant touché le trait
de séparation de deux zones est considérée comme
étant dans la zone extérieure.

**104.** Les balles mises par ricochet sont notées
zéro.

**105.** Lorsque l'étendue du champ de tir ne permet pas d'exécuter les tirs individuels jusqu'à la distance de 600 mètres, les cartouches qui devaient être tirées aux distances plus grandes que la longueur du champ de tir sont consommées à la distance extrême dont on dispose.

## ARTICLE 4.

### Tirs individuels d'application.

**106.** Les tirs d'application habituent le soldat à tirer dans toutes les positions sur des cibles ayant à peu près l'aspect des buts sur lesquels on tire à la guerre. Ils sont exécutés suivant les indications du tableau ci-après :

| NUMÉROS des séances. | DISTANCES de tir. | ESPÈCES DE TIRS. | NOMBRE de cartouches à balle. |
|---|---|---|---|
| | mèt. | | |
| 12 | 250 | Debout, avec la baïonnette au canon, sur une silhouette isolée d'homme à genou . . . . . . . . . . . | 6 |
| 13 | 400 | A genou, sur deux silhouettes d'homme à genou, séparées par un intervalle de 0m,15. . . . . . . . . . . | 6 |
| 14 | 350 | Tir à répétition, à genou, limité à une durée de 30 secondes, sur trois silhouettes d'homme debout séparées par un intervalle de 0m,15. . . . . | 8 |
| 15 | 200 | Tir à répétition, debout, sur une cible de buste paraissant et disparaissant en un même point de la tranchée... | 8 |
| | | Total. . . . . . . . | 28 |

**107.** Les silhouettes employées pour le 12ᵉ tir sont en bois. Leur surface est peinte en noir. Les balles de plein fouet comptent deux points.

Pour le 13ᵉ tir, on trace, sur le bas d'un panneau carré de 2 mètres de côté, deux silhouettes à genou à 0ᵐ,15 d'intervalle. Un trait horizontal réunissant les sommets des deux silhouettes limite la partie supérieure de la surface à atteindre déterminée par les silhouettes et l'espace compris entre elles. Les balles de plein fouet frappant la surface à atteindre comptent deux points ; les balles frappant le reste du panneau ne comptent pas.

Pour le 14ᵉ tir, on trace, sur le bas d'un panneau carré de 2 mètres de côté, trois silhouettes d'homme debout à 0ᵐ,15 d'intervalle. Une ligne horizontale passant par le sommet des trois silhouettes partage le panneau en deux parties. Les balles de plein fouet frappant la bande inférieure comptent deux points, celles qui frappent la bande supérieure comptent un point.

Pour le 15ᵉ tir, on se sert d'une cible de buste en bois fixée au bout d'une perche que manœuvre un marqueur placé dans la tranchée. Ces cibles de buste se distinguent l'une de l'autre par un signe particulier bien visible. Les balles de plein fouet comptent deux points.

Dans tous les tirs d'application, les ricochets qui touchent la surface à atteindre comptent un point.

**108.** Les compagnies tirent successivement. Il est affecté à chacune d'elles autant de silhouettes ou de groupes de silhouettes qu'il peut en être placé devant la butte, sans néanmoins dépasser le nombre de neuf.

Les cibles sont espacées à 4 mètres d'axe en axe ; chacune d'elles est affectée à un tireur.

La compagnie est fractionnée en groupes composés chacun d'autant de tireurs qu'il y a de cibles ; les tireurs d'un même groupe sont placés chacun en face de sa cible, à dix pas en arrière de l'emplacement où le tir doit avoir lieu.

**109.** Dans les tirs coup par coup, à la sonnerie de *Commencez le feu*, chaque homme se porte au point où il doit tirer, prend la position indiquée, charge son arme, tire successivement six cartouches, se relève s'il y a lieu et met l'arme au pied. La sonnerie de *Cessez le feu* est faite lorsque tous les hommes ont pris la position du soldat reposé sur l'arme.

**110.** Dans les tirs à répétition, au commandement de *Feu à répétition* ou *Feu à répétition à genou*, fait par un des officiers de la compagnie, chaque tireur se porte en face de la cible qui lui est affectée, son arme étant approvisionnée mais non chargée : il prend la position du tireur et charge son arme en manœuvrant la culasse.

Dès que toutes les armes sont chargées, l'officier commande :

*A 400 mètres,*

COMMENCEZ LE FEU.

Les hommes tirent aussitôt en visant le pied du but et le feu continue jusqu'à épuisement du magasin ou jusqu'au commandement de *Cessez le feu* qui doit être fait 30 secondes après celui de *Commencez le feu*.

Dans la quinzième séance, les cibles apparaissent pendant 3 secondes, puis disparaissent pendant un laps de temps égal.

Au commandement de *Cessez le feu*, répété par la sonnerie du clairon, les hommes reprennent la position du tireur. S'il y a lieu, ils se relèvent au commandement de *Debout*, et restent l'arme au pied faisant toujours face aux cibles.

**111.** Aussitôt que les marqueurs entendent la sonnerie de *Cessez le feu*, ils lèvent les fanions. A un coup de langue donné sur l'ordre de l'officier, les fanions sont baissés, puis les marqueurs placés dans la tranchée signalent le nombre de balles mises en élevant leur fanion verticalement et en l'agitant de droite à gauche autant de fois qu'il y a de balles ayant atteint la cible de plein fouet. Pour les ricochets, le fanion est maintenu immobile. Les gradés placés auprès des tireurs inscrivent les résultats sur les situations en marquant deux points pour toute balle qui a atteint la cible de plein fouet et un point pour toute balle mise par ricochet.

**112.** Les hommes qui n'ont pu tirer toutes les cartouches contenues dans le magasin désapprovisionnent leur arme dès que les marqueurs ont cessé de signaler les résultats.

Chaque soldat, après avoir constaté le résultat de son tir, se retire par la gauche.

Lorsque les trous ont été bouchés, les marqueurs abaissent les fanions pour montrer qu'ils sont prêts. Le tir est alors exécuté par une nouvelle série de tireurs ainsi qu'il vient d'être indiqué.

Pendant que les hommes d'une série effectuent leur tir, ceux de la série suivante, placés à leur droite et sur le même alignement, approvisionnent leurs magasins.

**113.** Durant le tir, lorsqu'une arme est enrayée, le tireur en avertit le gradé placé auprès de lui. Ce dernier, après avoir fait décharger l'arme, la soumet à l'examen du commandant de la compagnie, qui recherche la cause de l'enrayage et indique les moyens à employer pour remettre le fusil en état de fonctionner. Au besoin, il prend l'avis du capitaine de tir.

On préviendra en grande partie les enrayages en exigeant l'observation des prescriptions qui interdisent le démontage habituel par le soldat des pièces du mécanisme de répétition.

Si un enrayage provient de l'arme, le soldat recommence son tir, au besoin avec un autre fusil. Si l'enrayage s'est produit par la faute de l'homme, les résultats obtenus avant l'accident lui sont acquis, mais il n'achève pas de tirer les balles qui restaient dans le magasin.

**114.** Lorsque le terrain le permet, on peut, dans les tirs d'application, sacrifier la régularité de la position, à l'avantage que trouve le tireur à utiliser les accidents du sol pour se couvrir et appuyer son arme.

## Observations.

**115.** Les lieutenants, les sous-lieutenants, les adjudants et les sergents-majors exécutent la série complète des tirs individuels en même temps que leur compagnie. Ces tirs sont facultatifs pour les capitaines.

Les compagnies qui doivent tirer ne fournissent aucun service. . . . . . . . . . . .

Les chefs de bataillon veillent à ce qu'aucun soldat ne soit distrait du tir sans motif légitime.

Il est interdit de faire tirer les balles des absents.

Autant que possible, le même homme ne doit pas tirer plus de 18 balles dans une même séance de tir individuel.

## ARTICLE 5.

## Tirs collectifs.

**116.** Lorsque les soldats ont terminé les tirs individuels, on les exerce à exécuter les feux énumérés dans le tableau ci-après :

| NUMÉROS des séances. | DISTANCES de tir. | ESPÈCES DE TIRS. | NOMBRE de cartouches | |
|---|---|---|---|---|
| | | | sans balle. | à balle. |
| | mèt. | **FEUX DE SALVE.** | | |
| 1 | 600 | Feux de salve d'escouade, debout ou à genou, commandés par les caporaux . . . . | 2 | 4 |
| 2 | 800 | Feux de salve de demi-section, debout ou à genou, commandés par les sergents. . . . . . . . . | 2 | 4 } 12 |
| 3 | 1,000 | Feux de salve de section, debout ou à genou, commandés par les chefs de section . . . . . . . . . | 2 | 4 |
| | | **FEUX A VOLONTÉ.** | | |
| 4 | De 600 à 500 | Feux à volonté en avançant de position en position, commandés par les chefs de section . . . . . . . . . | » | 6 |
| 5 | 350 | Feux rapides, commandés par les chefs de section. (Hausse de 400 mètres.) . . . . . | » | 6 } 20 |
| 6 | De 200 à 100 | Feux d'attaque par section, en marchant, baïonnette au canon. . . . . . . . . (Le feu exécuté avec 8 cartouches à balle est précédé de deux feux exécutés chacun avec 8 cartouches sans balle). . . . . | 16 | 8 |
| | | Totaux . . . . . | 22 | 32 |

**117.** Dans les feux collectifs, les objectifs sont constitués comme il suit :

*Feux de salve ou à volonté par escouade.* 7 silhouettes d'homme debout placées sur une même ligne à 0ᵐ,15 d'intervalle.

*Feux de salve ou à volonté par demi-section.* 14 silhouettes d'homme debout, sur une même ligne à 0ᵐ,15 d'intervalle.

*Feux d'attaque.* Cibles accolées formant un panneau de 2 mètres de hauteur, sur 20 mètres de front.

A défaut de silhouettes, on se sert de panneaux formés de cibles accolées, ayant 2 mètres de hauteur et un front de 5, 10 ou 20 mètres, selon qu'ils figurent une escouade, une demi-section ou une section. Le profil des silhouettes est tracé sur ces panneaux à l'aide d'un gabarit ; l'intérieur de ce profil est ensuite peint en noir.

## Feux de salve.

**118.** Les feux de salve sont exécutés à distance connue, mais ils n'en exercent pas moins les gradés au réglage du tir, car il est nécessaire que ceux-ci déterminent les corrections de hausse exigées par les circonstances atmosphériques du moment et la qualité des munitions employées.

**119.** Les salves s'exécutent par fractions constituées. Si la faiblesse des effectifs le rend indispensable, on peut néanmoins réunir deux ou plusieurs fractions constituées en une seule, de manière que l'escouade ne soit jamais inférieure à 6 hommes, la demi-section à 12 hommes et la section à 24 hommes.

En principe, chaque gradé doit commander le

nombre de salves prescrit par le présent règlement.

Toutes les fractions d'une même compagnie effectuent leur tir successivement.

Après le tir de chacune d'elles, on suspend le
feu et l'on relève les résultats.

Autant que possible, on doit faire tirer simultanément sur plusieurs objectifs.

**120.** Le point à viser et la hausse à prendre
sont déterminés par l'officier qui a sous son commandement immédiat la fraction constituée qui va
tirer. A cet effet, il fait exécuter préalablement, par
un groupe de tireurs choisis, quelques salves d'essai
dont il observe les points d'arrivée.

Dans le cours de l'exercice, il peut modifier la
hausse ou prescrire de viser un point autre que
celui qu'il avait d'abord indiqué.

**121.** On inscrit, sur la situation de tir, le signa-
lement des munitions employées, la valeur moyenne
des influences atmosphériques telles qu'elles ont
été appréciées par chaque officier, la position du
point visé, la hausse employée, le nombre des tireurs, le nombre des cartouches tirées et celui des
balles mises.

Ce dernier renseignement est fourni à la compagnie par l'officier de tir.

Pendant la séance, l'officier de tir et les marqueurs restent dans des abris construits à proximité
des cibles. A défaut d'abris, ils se portent à 200 mètres au moins des objectifs, sur l'un des flancs.

Après chaque série de feux, l'officier de tir relève
les résultats et les marqueurs bouchent les trous.
Les ricochets sont comptés comme les coups de
plein fouet.

**122.** Dans les feux de salve, si un accident quelconque provenant de l'arme ou de la cartouche empêche un homme de tirer, cet homme ne doit en aucun cas sortir du rang ni changer son fusil; il simule le feu en exécutant les mêmes mouvements que le reste de la troupe.

## Feux à volonté.

**123.** Dans les feux à volonté, les soldats doivent viser correctement et, même dans les feux rapides, ne chercher à augmenter la vitesse du tir que par la rapidité du chargement et de la mise en joue.

Pendant l'exécution de ces feux, les chefs de section et les sous-officiers se montrent très sobres d'observations.

Les feux rapides effectués dans la 5e séance ont une durée de 30 secondes.

**124.** Les résultats sont relevés par l'officier de tir après le tir de chaque section. Ils sont communiqués au capitaine qui les fait inscrire sur la situation de tir de la compagnie.

**125.** Avant de se présenter au champ de tir pour exécuter les feux à volonté et les feux rapides, la troupe devra avoir fait une marche ou une manœuvre d'une certaine durée, de manière à se trouver dans les conditions à peu près analogues à celles d'une troupe qui arrive au combat.

**126.** Lorsque l'étendue du champ de tir ne permet pas d'effectuer les feux collectifs aux distances indiquées, on les exécute à la distance extrême dont on dispose, en prenant les mesures de sécurité nécessaires. Au besoin, tous ces feux sont exécutés par escouade, en observant néanmoins de les faire commander à tour de rôle par les sergents et les chefs de section.

## ARTICLE 6.

### Tirs de combat.

**127.** Les exercices de tir de combat sont exécutés à distance inconnue; ils comprennent les feux indiqués dans le tableau ci-après:

| NUMÉROS des séances. | DISTANCES de tir. | ESPÈCES DE TIRS. | NOMBRE de cartouches à balle. |
|---|---|---|---|
| 1 | Inconnue. | Tirs de réglage, commandés par les sous-officiers, sur un dispositif figurant une demi-section. | 6 |
| 2 | Idem. | Tirs de réglage, commandés par les sous-officiers, sur un dispositif figurant une section. | 6 |
| 3 | Idem. | Feux de salve, commandés par les chefs de section, sur des dispositifs fixes placés à des distances différentes ou sur un but roulant. | 12 |
| 4 | Entre 800 et 200 m. | Tirs exécutés par une compagnie en formation de combat, marchant offensivement contre un dispositif représentant l'ennemi. | 12 |
| 5 | Idem. | Tirs exécutés par un bataillon en formation de combat, marchant offensivement contre un dispositif représentant l'ennemi. | 14 |
| | | Total. | 50 |

**128.** Les objectifs des tirs de combat sont les suivants :

*Tirs de réglage.* — Mêmes dispositifs que pour les feux de salve et les feux à volonté.

*Tirs de la 3e séance.* — Trois rangées comprenant chacune 28 silhouettes d'homme debout, placées à des distances et dans des directions différentes par rapport aux tireurs. Si le but est une cible roulante, les salves peuvent être exécutées soit lorsqu'il devient visible, soit lorsqu'il arrive en certains points de son parcours marqués par des signaux placés au début de la séance.

*Tirs de combat de la compagnie et du bataillon.* — Les objectifs représentent une compagnie en formation de combat et sont constitués par des silhouettes et des panneaux disposés conformément aux prescriptions du règlement sur les manœuvres. Pendant la séance, lorsque le tir est interrompu, on modifie le placement des dispositifs suivant les phases du combat.

**129.** Les tirs de combat exigent des terrains vastes et accidentés permettant de tirer sans danger dans diverses directions, de faire varier la disposition et l'aspect des objectifs, et ne gênant en rien la marche offensive de la compagnie ou du bataillon et le fonctionnement des échelons.

De tels terrains existent dans les camps d'instruction. Mais, pour éviter des déplacements onéreux, on utilise de préférence ceux qui se trouvent dans les environs des garnisons lorsqu'ils peuvent être mis pendant quelques jours à la disposition des corps de troupe.

## Tirs de réglage.

**130.** Les tirs de réglage sont des salves de demi-section ou de section, commandées par les chefs de ces fractions constituées, et dirigées sur les dispositifs représentant des fractions constituées de même force que celles qui exécutent les feux.

Dans ces tirs, la distance du but est toujours inconnue ; elle est comprise entre 600 et 1,000 mètres pour les feux de demi-section ; entre 800 et 1,200 mètres pour les feux de section.

Les objectifs étant placés d'avance, le chef de bataillon indique, à l'arrivée de chaque fraction sur le terrain, le point d'où les feux seront exécutés.

Les sous-officiers apprécient la distance à la vue ; ils peuvent s'aider de la carte. Les chefs de section l'apprécient au moyen du télémètre.

Lorsqu'ils connaissent approximativement la distance du but, ils déterminent la hausse à employer en tenant compte des circonstances atmosphériques. Les commandants de compagnie donnent aux sous-officiers les renseignements et conseils nécessaires pour les guider dans cette opération.

Le chef de la fraction qui tire se place de manière à pouvoir observer les points d'arrivée des projectiles. S'il le juge utile, il peut, après chaque salve, modifier la hausse et le point à viser.

A la sonnerie de *Commencez le feu,* l'officier de tir et les marqueurs se portent à 200 ou 300 mètres sur l'un des flancs ou se placent dans des abris construits à proximité des objectifs. Ils en sortent à la sonnerie de *Cessez le feu* pour relever les résultats et boucher les trous. Un clairon signale les balles mises, en donnant un coup de langue traînant pour chaque dizaine de balles et un coup de langue bref pour chaque balle en plus du nombre des dizaines.

L'officier de tir fait mesurer la distance qui existe entre l'objectif et les tireurs et la fait connaître au chef de bataillon et aux commandants de compagnie.

**131.** Autant que possible, les mêmes règles sont observées dans les tirs à distance inconnue sur une cible roulante ou sur des panneaux fixes placés à des distances et dans des directions différentes.

## Tirs de combat de la compagnie et du bataillon.

**132.** Ces tirs représentent le développement d'une action offensive. La troupe qui les effectue est toujours supposée encadrée.

Pour leur exécution, on forme des compagnies à l'effectif de 200 hommes environ, avec cadres du pied de guerre.

Les officiers et les sous-officiers non employés assistent à ces exercices.

Les objectifs sont placés à l'avance.

Des officiers sont commandés pour aider les officiers de tir à relever les résultats.

S'il n'existe pas d'abris dans le voisinage des objectifs, les officiers de tir et les marqueurs se tiennent à 300 mètres au moins sur l'un des flancs. Un clairon leur est adjoint.

**133.** L'unité de manœuvre, après être passée, si la profondeur du terrain le permet, de la colonne de route à la formation de combat, est arrêtée lorsque la chaîne est arrivée au point où le directeur de la manœuvre juge nécessaire de faire commencer le feu.

Les feux et le fonctionnement des échelons dans la marche offensive ont lieu conformément aux prescriptions du règlement sur les manœuvres de l'infanterie.

La répartition des munitions est réglée par les soins du directeur de la manœuvre. Elle est faite de telle façon que les fractions qui n'entrent en ligne qu'après l'ouverture du feu reçoivent un nombre de cartouches moindre que celle qui, dès le début de l'action, se trouveront déjà sur la chaîne.

Les résultats du tir sont relevés après chacune des phases du combat. A cet effet, le commandant de la compagnie ou du bataillon ordonne, au moment voulu, de faire la sonnerie de *Cessez le feu*, qui est répétée par le clairon posté près des marqueurs. A ce signal, les officiers désignés comptent les balles mises dans les silhouettes, les marqueurs bouchent les trous et changent, s'il y a lieu, la disposition des objectifs. Quand le feu peut être repris, le capitaine de tir en fait prévenir les tireurs par la sonnerie de *Garde à vous*.

Le clairon placé auprès des marqueurs répète toutes les sonneries qui se font sur la ligne de combat.

**134.** A la fin de la séance, les résultats des tirs sont communiqués aux officiers réunis. Le chef de corps ou l'officier le plus élevé en grade leur fait ensuite part des observations de toute nature auxquelles la conduite de la manœuvre et l'exécution des feux peuvent avoir donné lieu.

## ARTICLE 7.

## Tirs de perfectionnement.

**135.** Les tirs de perfectionnement sont effectués au moyen des cartouches non consommées dans les autres tirs réglementaires. Ils sont continués jusqu'à épuisement des allocations annuelles.

Chaque classe de tireurs exécute une série spéciale de tirs de perfectionnement.

**136.** Les tirs de la 1re classe sont faits coup par coup ou à répétition, à distance connue ou inconnue, sur une silhouette paraissant dans un créneau, sur des cibles de buste paraissant et disparaissant en un point quelconque d'une tranchée, sur une silhouette montée sur un chariot en marche, sur mannequins, cibles à relèvement, etc. Le programme en est préparé par le capitaine de tir et approuvé par le chef de corps, à qui toute initiative est laissée pour faire varier ces exercices autant que le comportent la topographie du champ de tir et les ressources en matériel et en munitions dont il dispose.

Dans la préparation de ces tirs, on doit éviter toute disposition de nature à compromettre la sécurité des marqueurs.

**137.** Les tireurs de 2e classe exécutent d'abord, à la distance de 200 mètres, deux tirs individuels sur la cible de 1 mètre de diamètre, puis ils recommencent la série des tirs d'application.

**138.** Les tireurs de 3e classe reçoivent de nouveau l'instruction préparatoire telle qu'elle est prescrite à l'école du soldat; ils reprennent ensuite les exercices de tir réduit, exécutent les tirs préparatoires, puis les tirs d'instruction pour la distance de 200 mètres (4e, 5e, 10e et 11e séances).

**139.** Si des circonstances particulières ou l'insuffisance des économies réalisées ne permettent pas de faire exécuter tous ces tirs, les tireurs de 3e classe seront exercés de préférence à ceux de 2e classe.

La réduction des séances est déterminée par le chef de corps et porte d'abord sur celles qui sont attribuées aux tireurs de 2e classe.

## ARTICLE 8.

### Tirs des réservistes et des hommes de l'armée territoriale.

**140.** Les tirs des réservistes et des hommes de l'armée territoriale ont lieu conformément aux indications des deux tableaux ci-après et en observant les règles prescrites pour l'exécution des tirs individuels et des tirs collectifs.

TABLEAUX.

## 1º Réserve de l'armée active.

| NUMÉROS des séances. | DISTANCES de tir. | ESPÈCES DE TIRS. | NOMBRE de cartouches | |
|---|---|---|---|---|
| | | | sans balle. | à balle. |
| | mèt. | TIRS INDIVIDUELS. | | |
| 1 | 200 | 3 cartouches seront tirées debout et 3 à genou sur la cible de 1 mètre de diamètre. . . . . . . . . | » | 6 |
| 2 | 300 | 3 cartouches dans la position du tireur debout et 3 dans la position du tireur couché, sur la cible de 1m,50 de diamètre. . . . . . . . | » | 6 } 18 |
| 3 | 350 | Tir à répétition, à genou, limité à une durée de 30 secondes, sur 3 silhouettes d'homme debout séparées par un intervalle de 0m,15. | » | 6 |
| | | TIRS COLLECTIFS. | | |
| 4 | 600 | Feux de salve de demi-section, debout ou à genou, commandés par les officiers et les sous-officiers de réserve. . . . . . . . | 2 | 3 } 9 |
| 5 | 300 | Feux rapides, durant 30 secondes, commandés par les chefs de section. (Hausse de 400 mètres). . . . . . . | » | 6 |
| | | Totaux. . . . . | 2 | 27 |

## 2° Armée territoriale.

| NUMÉROS des séances. | DISTANCES de tir. | ESPÈCES DE TIRS. | NOMBRE de cartouches à balle. |
|---|---|---|---|
| | mèt. | TIRS INDIVIDUELS. | |
| 1 | 200 | 3 cartouches dans la position du tireur debout et 3 dans la position du tireur à genou, sur la cible de 1 mètre de diamètre. . . . . . . . . . | 6 |
| 2 | 300 | 3 cartouches dans la position du tireur debout et 3 dans la position du tireur couché, sur la cible de 1m,50 de diamètre. . . . . . . . . . . | 6 |
| 3 | 350 | Tir à répétition, à genou, limité à une durée de 40 secondes, sur 3 silhouettes d'homme debout séparées par un intervalle de 0m,15 . . . . . . . . . | 8 |
| | | Total. . . . . . . . | 20 |

## ARTICLE 9.

## Tirs au revolver.

**141.** Les officiers, les adjudants, les sergents-majors, le tambour-major, les caporaux-tambours, les tambours, les conducteurs des caissons de munitions et les conducteurs des chevaux de main sont exercés au tir du revolver.

Les tirs sont exécutés conformément aux indications du tableau ci-après :

| NUMÉROS des séances. | DISTANCES de tir. | ESPÈCES DE TIRS. | NOMBRE de cartouches à balle. |
|---|---|---|---|
| | mèt. | | |
| 1 | 15 | Tir intermittent . . . . . . . . . . . | 6 |
| 2 | 15 | Tir intermittent. . . . . . . . . | 6 |
| 3 | 30 | Tir intermittent . . . . . . . . . | 6 |
| 4 | 30 | Tir intermittent. . . . . . . . . | 6 |
| 5 | 15 | Tir continu . . . . . . . . . | 6 |
| 6 | 15 | Tir continu . . . . . . . . . | 6 |
| | | Total. . . . . . . . . | 36 |

**142.** Les surfaces à atteindre sont des cercles de 0m,20 ou de 0m,40 de diamètre, suivant que le tir a lieu à 15 ou 30 mètres.

**143.** Chaque tireur se présente à son tour devant la cible, s'arrête à l'emplacement marqué et prend la position du soldat sans arme. Le revolver doit être dans son étui et non chargé.

Les autres tireurs se tiennent à dix pas en arrière.

Le chef de bataillon ou le capitaine de tir pour les officiers ; l'officier de tir du bataillon, pour les sous-officiers, caporaux et soldats, surveille le tir en se plaçant près des tireurs et à leur droite.

Il commande successivement :

*Haut* — PISTOLET ;

*Chargez* — PISTOLET ;

*Tir intermittent* (ou *tir continu*) ;

COMMENCEZ LE FEU ;

*Déchargez* — PISTOLET.

Ces divers commandements sont exécutés ainsi qu'il est prescrit à l'école du soldat. (Appendice VI.)

Dans le cas du tir intermittent, le tireur, après chaque coup tiré, arme de nouveau avec le pouce de la main droite en plaçant le revolver dans la main gauche.

Chaque tireur, après avoir déchargé son arme, remet le revolver dans son étui et cède la place au tireur suivant.

### Observations.

**144.** Dans le tir du revolver, le chef de bataillon, le capitaine et les officiers de tir, chacun en ce qui le concerne, font régner l'ordre le plus parfait devant les cibles, et se rappellent que le revolver est une arme dont l'emploi exige une attention sans cesse éveillée.

**145.** Les tirs au revolver, pour la réserve de l'armée active et l'armée territoriale, ne comprennent que deux séances, dans chacune desquelles il est brûlé 6 cartouches en tir intermittent à la distance de 15 mètres.

## CHAPITRE VI

### CLASSEMENT ET RÉCOMPENSES.

### ARTICLE 1er.

### Classement des tireurs.

**146.** A la suite des tirs individuels d'instruction et d'application, et le 16 août au plus tard, on procède au classement annuel des tireurs.

Les sous-officiers, les caporaux et les soldats qui ont obtenu 70 points au moins forment la 1<sup>re</sup> classe ; ceux qui ont obtenu 35 points au moins forment la 2<sup>e</sup> classe ; ceux qui ont moins de 35 points forment la 3<sup>e</sup> classe.

Les tireurs qui ont manqué à un ou plusieurs tirs sont classés d'après le nombre des points obtenus, comme s'ils avaient fait tous les tirs.

Ceux qui n'ont pas exécuté quatre tirs au moins ne sont pas classés.

## ARTICLE 2.

### Récompenses de tir.

**147.** Les récompenses décernées aux tireurs les plus adroits sont de deux sortes : les premières sont accordées aux tireurs qui, dans les tirs individuels d'instruction et d'application de l'année, ont obtenu les plus fortes sommes de points ; les autres sont décernées à la suite de concours.

Ces récompenses consistent en attributs honorifiques destinés à signaler les bons tireurs aux yeux de leurs chefs et de leurs camarades.

## Récompenses accordées d'après les résultats des tirs individuels.

**148.** Ces récompenses comprennent les prix de l'année et les insignes de tir.

**149.** Les prix de tir de l'année comprennent :

1° Un cor de chasse en argent doré avec épinglette et chaîne en argent, qui constitue le premier prix de tir de l'année ;

2° Des cors de chasse brodés, attribués aux tireurs qui ont obtenu les plus fortes sommes de points. Ces cors de chasse sont brodés en or ou en argent selon la couleur du bouton ; ils sont cousus sur la manche gauche de la tunique, de la capote et de la veste, et se portent concurremment avec les épinglettes de tir. Dans chaque corps, ils sont alloués d'après l'effectif maximum atteint pendant l'année, à raison de 1 pour 50 hommes.

**150.** L'épinglette est donnée au tireur qui, sur l'ensemble du corps, a obtenu la plus forte somme de points. Ce militaire reçoit en outre un cor de chasse brodé.

Les autres prix sont accordés, suivant l'ordre du classement, aux meilleurs tireurs, à l'exclusion des adjudants et des sergents-majors. Ils sont donnés sur l'ensemble du corps ou de chaque détachement.

Les cors de chasse attribués aux fractions détachées sont déduits du nombre total auquel a droit le régiment et répartis, par le chef de corps, proportionnellement à l'effectif des bataillons ou des compagnies détachés.

Quand plusieurs concurrents ont le même nombre de points et qu'il y a lieu de donner la priorité à l'un d'eux, on leur fait tirer autant de balles supplémentaires qu'il est nécessaire pour établir une différence entre leurs tirs.

**151.** L'insigne de tir est accordé pour la durée d'une année, d'un classement à l'autre, à tous les tireurs de 1re classe, à l'exclusion des sous-officiers.

Il consiste en un cor de chasse en drap écarlate pour les régiments d'infanterie, en drap jonquille pour les bataillons formant corps. Il est cousu sur la manche gauche de la tunique, de la capote et de la veste et se porte concurremment avec les épinglettes de tir.

## Récompenses décernées à la suite de concours.

**152.** Il est accordé chaque année, à la suite de concours, des prix de tir consistant en épinglettes et en médailles d'argent et de bronze.

Le nombre des prix attribués à chaque corps de troupe est fixé comme il suit :

*Sous-officiers.* — 3 épinglettes, dont une avec cor de chasse en argent doré, par régiment d'infanterie, une épinglette avec cor de chasse en argent doré par bataillon formant corps.

Les prix accordés à la suite du concours de tir au revolver comprennent une médaille d'argent et une médaille de bronze par régiment d'infanterie, une médaille d'argent par bataillon formant corps.

*Caporaux et soldats.* — Une épinglette avec cor de chasse en argent par 200 hommes comptant à l'effectif. L'une de ces épinglettes porte un cor de chasse en argent doré ; elle est attribuée au tireur classé le premier au concours.

## Dispositions diverses.

**153.** L'épinglette devient la propriété de l'homme à qui elle a été décernée ; il la porte pendant toute la durée du service actif ainsi que pendant les périodes de rappel à l'activité.

Le cor de chasse brodé n'est conservé une seconde année qu'autant que le tireur reste de 1re classe.

Les militaires qui portent un cor de chasse brodé ou l'insigne de tir au moment de leur passage dans la réserve le reprennent lorsqu'ils sont rappelés.

**154.** Le colonel fait connaître, par un ordre du régiment, le nom des tireurs récompensés tant à la suite des tirs de l'année qu'à la suite des tirs de concours.

Un tableau nominatif de tous ces tireurs est affiché dans la salle des rapports.

Un tableau nominatif de tous les tireurs de $1^{re}$ classe de la compagnie est affiché dans les chambres de chaque compagnie.

Mention de toutes les récompenses obtenues est faite sur le feuillet de tir du livret individuel.

**155.** Les chefs de corps accordent aux meilleurs tireurs toutes les faveurs compatibles avec l'intérêt du service.

Les tireurs de $1^{re}$ classe sont dispensés des exercices de pointage sur chevalet.

## ARTICLE 3.

## Concours de tir.

**156.** Les concours de tir ont lieu dès que le classement des tireurs a été terminé. Ils comprennent :

1° Un concours au fusil entre les sous-officiers tireurs de $1^{re}$ classe ;

2° Un concours au fusil entre les meilleurs tireurs de $1^{re}$ classe compris parmi les caporaux et les soldats ;

3° Un concours au revolver entre les adjudants et les sergents-majors.

**157.** Les tirs de concours sont présidés par le chef de corps ; tous les officiers y assistent en tenue du jour.

Le sort décide de l'ordre suivant lequel les concurrents doivent tirer.

Afin d'abréger la durée des concours, on peut faire tirer sur plusieurs cibles ; dans ce cas, les tireurs sont répartis devant les cibles, de la droite à la gauche, d'après l'ordre des numéros du tirage au sort.

Le tir doit être terminé dans la même séance pour tous les concurrents réunis au même lieu.

Des concours partiels sont faits dans les détachements dont les tireurs ne peuvent assister au concours de la portion principale.

Les prix sont répartis sur l'ensemble du corps.

## Concours de tir avec le fusil.

**158.** Tous les sous-officiers tireurs de 1re classe, à l'exclusion des adjudants et des sergents-majors, concourent entre eux.

Dans chaque corps, les caporaux et soldats classés en tête des tireurs de 1re classe prendront part au concours annuel à raison de 1 homme par 20 caporaux ou soldats comptant à l'effectif du corps au jour du concours.

Seront compris dans ce nombre les tireurs de 1re classe qui ont obtenu un prix de l'année.

**159.** Chaque concurrent tire 2 balles d'essai s'il le désire. Pour ces balles seulement, les trous sont bouchés après chaque coup.

Il tire ensuite 5 balles, à la distance de 200 mètres, dans une des trois positions réglementaires, à son choix. Le point d'impact est indiqué par le tampon après chaque balle tirée, mais les trous ne sont bouchés qu'à la fin de la série.

4.

Une seconde série de 5 balles est tirée après que tous les concurrents ont tiré la première série.

Le but est un cercle d'un mètre de diamètre, à l'intérieur duquel on trace deux circonférences concentriques équidistantes qui déterminent trois zones.

Ces zones sont numérotées en donnant le n° 1 à la plus éloignée du centre, le n° 2 à la zone intermédiaire et le n° 3 à la zone centrale. Toute balle ayant atteint la cible a une valeur en points déterminée par le numéro de la zone touchée.

Si une balle entame les circonférences de séparation, sa valeur est celle qui correspond à la zone dont le numéro est le moins élevé.

Dès qu'un concurrent a tiré ses 5 balles, l'officier chargé de l'inscription des résultats relève les balles qui ont frappé dans chaque zone et fait la somme des points. Les résultats des deux séries de 5 balles sont ensuite totalisés pour chaque homme.

Les tireurs sont classés d'après la somme des points obtenus, quel que soit le nombre des balles mises dans la cible.

Si plusieurs tireurs, parmi les premiers classés, ont un même nombre de points, ils tirent autant de balles supplémentaires qu'il est nécessaire pour établir une différence entre leurs tirs.

## Concours de tir avec le revolver.

**160.** Les adjudants, les sergents-majors et le tambour-major concourent entre eux.

Le tir s'exécute à la distance de 30 mètres sur la cible de 0m,40 de diamètre, dans l'intérieur de laquelle on trace un cercle concentrique de 0m,20 de diamètre.

Toute balle ayant atteint le cercle intérieur est

comptée pour deux points ; toute balle ayant touché la zone extérieure est comptée pour un point.

Chaque concurrent exécute un tir intermittent de 12 cartouches en deux séries de 6 balles. La seconde série n'est tirée qu'après que le tir de la première est entièrement terminé.

Les tireurs sont classés d'après la somme des points obtenus.

Si plusieurs concurrents ont le même nombre de points et qu'il soit nécessaire de donner la priorité à l'un d'eux, ils tirent une ou plusieurs balles supplémentaires jusqu'à ce qu'une différence s'établisse entre leurs résultats.

### Tir exécuté devant l'inspecteur général.

**161.** Chaque année, l'inspecteur général fait exécuter, en sa présence, par une ou plusieurs compagnies qu'il désigne, un tir à genou à la distance de 200 mètres.

Dans chacune des compagnies désignées, tous les hommes présents prennent part à ce tir.

Un officier appartenant à une compagnie autre que celle qui tire, est placé dans la tranchée vis-à-vis de chaque cible pour compter les balles mises.

Un compte rendu des résultats obtenus dans chaque corps de troupe est transmis au Ministre de la guerre en même temps que le livret d'inspection générale.

# CHAPITRE VII

## COMPTABILITÉ DU TIR.

**162.** La comptabilité du tir comprend : les situations de tir, le registre de tir de compagnie, le feuillet de tir du livret individuel, le carnet de tir de bataillon, les comptes rendus du capitaine de tir, et le rapport annuel.

## Situation de tir.

**163.** Les situations de tir servent à relever les résultats sur le champ de tir au fur et à mesure qu'ils se produisent. En outre, elles fournissent au chef de bataillon les moyens de s'assurer de la légitimité des absences et de l'exactitude du nombre des présents. A l'époque du classement, elles le mettent à même de contrôler cette opération.

**164.** Avant chaque séance de tir individuel, le commandant de compagnie fait préparer autant de situations qu'il y a de cibles affectées à sa compagnie.

Ces situations sont conformes au modèle n° 1.

On y inscrit les noms de tous les hommes comptant à l'effectif de la fraction qui doit tirer sur une même cible, puis on barre les noms de ceux qui, pour un motif quelconque, ne peuvent assister au tir ; on indique en regard, dans la colonne des résultats, la cause de l'indisponibilité.

L'officier de tir prend note sur son carnet du total des tireurs de chaque compagnie.

**165.** Le sous-officier placé à côté du tireur inscrit sur la situation les résultats obtenus à mesure qu'ils sont signalés.

Chaque homme, après avoir fini de tirer, dit à haute voix : *Un tel — tant de balles, tant de points* ; le sous-officier rectifie s'il y a lieu.

**166.** Le tir terminé, l'officier de tir prend les résultats accusés par les compagnies et s'assure qu'ils concordent avec les renseignements qui lui sont fournis par les marqueurs. Il inscrit ensuite sur son carnet le total des balles mises par chaque compagnie.

Lorsqu'une compagnie a fini de tirer, le capitaine arrête en toutes lettres, sur chaque situation, le total des balles mises et celui des points obtenus.

Ces chiffres lui sont donnés par les sous-officiers chargés de l'inscription des résultats après vérification faite par l'officier de tir.

**167.** Le tir du jour achevé, on peut faire exécuter des tirs de retardataires dont les résultats sont inscrits sur des situations particulières au modèle n° 2.

Les totaux des balles mises et des points obtenus sont arrêtés, visés et portés au carnet de tir comme il vient d'être dit.

Si aucun officier de la compagnie n'est présent au tir des retardataires, les situations sont arrêtées et signées par l'officier de tir.

**168.** Pour les tirs collectifs, les situations sont conformes aux modèles n°s 3 et 4.

Les indisponibles sont inscrits nominativement au dos de la situation modèle n° 3 ; en regard de chaque nom, le motif de l'absence est indiqué.

## Registre de tir de compagnie.

**169.** Le registre de tir de compagnie est conforme au modèle n° 5 et contient deux tableaux : le premier réservé à l'inscription des résultats des tirs individuels d'instruction et d'application, le second, à l'inscription des résultats des tirs collectifs.

Ce registre, établi pour une année, est tenu par l'adjudant.

**170.** Au commencement de l'année, on inscrit au tableau n° 1 les noms de tous les hommes de la compagnie, dans l'ordre constitutif, en attribuant une page entière à chaque escouade ; les sous-officiers figurent en tête de la section à laquelle ils appartiennent.

Les résultats (balles et points) sont portés dans les colonnes correspondant au numéro de la séance de tir ; les distances sont inscrites en tête des colonnes au fur et à mesure de l'exécution des tirs.

Après chaque séance de tir, l'adjudant réunit les situations, en transcrit les résultats sur le registre de compagnie et les remet ensuite à l'officier de tir qui les conserve jusqu'au 31 décembre de l'année suivante.

Lorsqu'un homme a manqué à un des tirs, on laisse en blanc la ligne des résultats jusqu'à ce qu'il ait exécuté ce tir.

**171.** Les tirs individuels doivent être terminés avant la date fixée pour le classement

Après le classement, il n'est plus fait de tirs de retardataires.

Quand, à cette époque, un homme n'a pu terminer tous ses tirs, on barre les cases correspondant aux tirs non exécutés, et l'on inscrit la cause de l'absence ou de l'indisponibilité dans la colonne *Observations*.

Quand un homme n'a pas exécuté au moins quatre tirs, on barre les cases correspondant aux tirs non exécutés et l'on inscrit N. C. (non classé) à la colonne du classement.

Lorsqu'un homme quitte la compagnie, on barre son nom ainsi que les cases correspondant aux tirs non exécutés et au classement. On inscrit les totaux des balles mises et des points obtenus dans les colonnes à ce destinées, et l'on porte la mutation dans la colonne *Observations*.

Lorsqu'un homme arrive à la compagnie, on inscrit dans la colonne *Tirs antérieurs* le total des résultats obtenus précédemment. On inscrit son classement s'il y a lieu, et l'on porte la mutation. On barre les cases qui correspondent aux tirs déjà exécutés.

Les résultats des tirs préparatoires et des tirs de perfectionnement ne figurent pas sur le registre de compagnie. Ils sont portés seulement sur le carnet de tir de bataillon.

## Feuillet de tir du livret individuel.

**172.** Les résultats du tir individuel de chaque homme de troupe sont inscrits sur un feuillet spécial du livret individuel, conforme au modèle n° 6.

Les inscriptions du livret sont la reproduction exacte de celles du premier tableau du registre de compagnie.

Au bas du feuillet, sous le titre *Mentions honorifiques*, on indique les prix de tir que le titulaire du livret a remportés depuis son entrée au service, ainsi que ceux qu'il a obtenus dans les sociétés de tir reconnues où il a été autorisé à concourir.

Les prix de tir obtenus avant l'incorporation sont également mentionnés.

## Carnet de tir du bataillon.

**173.** Le carnet de tir sert à centraliser par bataillon tous les renseignements relatifs à la consommation des munitions et aux résultats d'ensemble obtenus dans les tirs de toute nature.

Il est conforme au modèle n° 7 et contient 25 tableaux, savoir :

15 tableaux pour les tirs préparatoires, les tirs individuels d'instruction et d'application ;

2 tableaux pour les tirs collectifs ;

2 tableaux pour les tirs de combat ;

3 tableaux pour les tirs de perfectionnement ;

1 tableau pour l'inscription des munitions consommées dans tous les tirs divers qui ne figurent pas aux tableaux précédents ;

1 tableau pour les tirs au revolver ;

1 tableau pour l'inscription de renseignements généraux sur la nature et la qualité des munitions employées.

**174.** Les tirs préparatoires, les tirs individuels d'instruction et d'application sont inscrits au tableau correspondant au numéro de la séance.

Les distances sont indiquées dans l'en-tête, au fur et à mesure de l'exécution des tirs.

Les résultats des tirs de retardataires sont portés au tableau correspondant à la séance à laquelle les retardataires n'avaient pu assister.

A la droite des colonnes affectées aux quatre compagnies, il a été laissé des colonnes en blanc pour servir, le cas échéant, à l'inscription des tirs de la section hors rang ou des réservistes.

**175.** Les tirs collectifs sont inscrits au fur et à mesure de leur exécution. L'officier de tir ne porte pas les nombres des balles mises et tirées par chacune des subdivisions, mais seulement les résultats d'ensemble pour chaque compagnie.

Le nombre figurant dans la colonne des balles tirées est celui des munitions réellement consommées dans la séance, quel qu'ait été l'effectif des hommes amenés sur le terrain par chaque compagnie.

Pour les tirs à distances inconnues, on indique les distances réelles auxquelles ils ont été effectués. Ces distances sont mesurées après l'exécution des feux.

**176.** Les tirs de combat de compagnie figurent sur le carnet de tir du bataillon qui a constitué la compagnie de manœuvre.

Les tirs de combat de bataillon figurent sur le carnet de tir du bataillon dont le chef a dirigé la manœuvre.

**177.** Le carnet de tir de bataillon est établi pour une année ; il est conservé par l'officier de tir jusqu'au 31 décembre de l'année courante. Il est ensuite déposé aux archives du corps.

## Comptes rendus du capitaine de tir.

**178.** Après chaque séance, le capitaine de tir établit un compte rendu pour le chef de corps.

Ce compte rendu est conforme au modèle n° 8 s'il s'agit d'un tir individuel, au modèle n° 9 s'il s'agit d'un tir collectif.

Les renseignements qui figurent sur ces comptes rendus sont identiques à ceux qui sont portés sur les carnets de bataillon.

Dans la colonne d'observations, il est fait mention des circonstances atmosphériques, de la provenance des cartouches, des crachements, longs feux, ratés, enrayages, difficultés d'extraction, etc.

**179.** Le compte rendu d'un tir de combat de compagnie ou de bataillon est conforme à la situation modèle n° 4.

**180.** Le rapport annuel, conforme au modèle n° 10, se compose de deux parties :

La première comprend les renseignements sur les champs de tir, les stands, les terrains sur lesquels ont lieu les tirs collectifs et les tirs de combat, le matériel, l'armement et les munitions, ainsi que les observations critiques des généraux de brigade et de division.

La deuxième partie est un état des munitions consommées dans l'année d'instruction, faisant ressortir le chiffre des cartouches allouées que les corps n'auront pas pu consommer par suite de circonstances exceptionnelles, avec les explications relatives à ces circonstances.

# CHAPITRE VIII

## RÈGLES POUR LA CONDUITE DES FEUX.

---

### ARTICLE 1er.

### Principes généraux.

**181.** Le feu est conduit par groupes.

La force du groupe, variable suivant les circonstances, ne doit pas dépasser le peloton.

Les chefs des différents groupes doivent rester maîtres du feu de leur troupe et pouvoir en régler à volonté le commencement, la fin, la reprise et l'intensité.

Ce n'est qu'à cette condition que le feu atteint toute son efficacité.

Obtenir l'effet le plus grand dans le moindre temps, tel est le but à atteindre.

Les feux exécutés aux grandes distances ne produisent que rarement des effets proportionnés à la consommation des munitions. Ces feux n'ont de la puissance que s'ils sont effectués par un grand nombre de tireurs concentrant leur tir sur un même objectif.

**182.** L'emploi des feux diffère suivant que les troupes sont engagées dans un combat offensif ou défensif, ou qu'elles sont chargées d'une attaque qu'elles doivent rapidement mener à fond [1].

Dans le combat offensif, ne commencer le feu que lorsqu'il peut être efficace. Cette efficacité doit être recherchée par l'emploi de tous les moyens qui peuvent donner au tir la plus grande justesse, tout en restreignant la consommation des munitions. Cette consommation doit être proportionnée au but à atteindre.

Dans le combat défensif, commencer le feu dès que l'ennemi devient vulnérable. Conduire le feu d'après le nombre de cartouches dont on dispose. Si les approvisionnements en munitions le permettent, donner immédiatement au feu toute son intensité.

Dans l'attaque, n'ouvrir le feu que le plus tard possible ; une fois ouvert, le mener avec la plus grande énergie en utilisant toute la rapidité de tir que comporte l'arme.

---

1. Voir, à l'école de compagnie, la distinction entre le combat et l'attaque. « *Le combat* a lieu sur tout le front où les troupes adverses sont en présence. *L'attaque* n'a lieu, sur ce front de combat, que sur le point ou les points choisis par le commandement. »

## ARTICLE 2.

### Emploi des différents feux.

**183.** Le chef de bataillon indique à ses capitaines l'objectif à atteindre et, s'il y a lieu, la partie de la ligne ennemie sur laquelle ils auront à concentrer leurs feux.

Les commandants de compagnie règlent l'emploi des feux et la consommation des cartouches ; ils déterminent les objectifs à battre s'ils n'ont pas été indiqués par le chef de bataillon ou s'il survient des incidents imprévus qui modifient subitement les conditions du combat.

Au début de l'action, les chefs des sections de chaîne prescrivent le point à viser et la hausse à prendre. Le capitaine donne toujours ces indications lui-même dès que toute la compagnie est en ligne.

Les chefs de section et les sous-officiers surveillent l'emploi des hausses et la direction du tir.

**184.** Les feux de salve contribuent à maintenir l'ascendant des chefs sur leur troupe, facilitent la concentration des feux sur un même objectif, permettent de rectifier le tir par l'observation des points d'arrivée et donnent le moyen de régler la consommation des munitions.

Les salves peuvent s'effectuer coup par coup ou à répétition. Elles ne sont pas exécutées par des fractions d'un effectif supérieur à celui du peloton.

L'emploi des salves est relativement restreint.

Elles ne peuvent être efficaces que si les hommes conservent le calme nécessaire pour être attentifs aux commandements.

Si le tir par salves doit être prolongé, il est

avantageux de subdiviser la troupe en fractions variant de l'escouade à la section, suivant la distance à laquelle se trouve l'ennemi. Si ce tir a pour objet d'agir par surprise, il y a intérêt à le faire exécuter par des pelotons entiers.

On a surtout occasion de faire usage des salves lorsque des formations compactes présentent momentanément des objectifs favorables.

Les salves à répétition sont justifiées, aux moyennes et même aux grandes distances, sur des buts en mouvement que l'on suppose ne devoir être visibles que pendant un court espace de temps.

**185.** Les feux à volonté sont d'un réglage plus difficile que les feux de salve, et se prêtent moins bien à la concentration du tir. Ils sont donc surtout pratiqués aux distances où les trajectoires sont suffisamment tendues pour qu'une erreur sur l'évaluation de la distance influe peu sur les résultats du tir.

Lorsque les exigences de la situation ne nécessitent pas l'intensité du tir sur toute la ligne, les meilleurs tireurs de chaque groupe entretiennent seuls le feu.

Les feux rapides trouvent toujours leur application au moment décisif d'une action. On les exécute aussi, quelle que soit la distance, chaque fois que l'adversaire se découvre et présente momentanément des objectifs très vulnérables.

**186.** Les tirs à répétition ne commencent que sur l'ordre des officiers.

Les armes sont toujours approvisionnées avant de prendre la formation de combat. Pendant l'action, on profite de toutes les circonstances pour réapprovisionner le magasin.

**187.** Le feu d'attaque est exécuté en marchant. Il n'est employé qu'au dernier moment d'une attaque, après le feu rapide et qu'autant qu'il est indispensable pour déterminer ou accentuer la marche en avant et éviter tout nouvel arrêt.

## ARTICLE 3.

## Limites de l'emploi des tirs individuels et des tirs collectifs.

**188.** Pour la commodité du langage, on classe les distances de tir de la manière suivante :
De 0 à 600 mètres, petites distances ;
De 600 à 1,200 mètres, moyennes distances ;
Au delà de 1,200 mètres, grandes distances ;

**189.** *Tirs individuels.* — Les distances auxquelles on a des chances d'atteindre, sans faire une consommation exagérée de munitions, sont limitées comme il suit :
200 mètres, sur un homme abrité ou couché ;
300 mètres, sur un homme debout ou à genou ;
450 mètres, sur un cavalier isolé ;
600 mètres, sur un but constitué par un groupe de quatre hommes ou plus.

**190.** *Tirs collectifs.* — Leur emploi est justifié :
A 800 mètres, sur un but ayant à peu près le front d'une escouade ;
A 1,000 mètres, sur une ligne ayant un front de demi-section ;
A 1,200 mètres, sur une ligne ayant un front de section ou sur une section d'artillerie ;
A 1,500 mètres, sur des lignes étendues, des co-

lonnes de peloton ou de compagnie, sur l'artillerie ou la cavalerie;

A 2,000 mètres, sur des troupes en colonne de route ou en formation de rassemblement.

Ces limites, qui n'ont rien d'absolu, peuvent être dépassées lorsque les circonstances atmosphériques sont favorables et que le réglage du tir est facile; il convient au contraire de ne pas les atteindre si le réglage est incertain ou si la troupe adverse est en partie couverte par des obstacles.

## ARTICLE 4.

### Réglage du tir.

**191.** Au combat, on vise le pied du but.

**192.** La ligne de mire à employer résulte de l'évaluation qui est faite de la distance. On ne doit jamais, dans le seul but de se ménager le bénéfice des ricochets, prendre une hausse plus faible que celle qui est déterminée d'après la distance.

Aux grandes et aux moyennes distances, dès que le feu est commencé, les officiers et les sous-officiers s'appliquent à observer les points d'arrivée des projectiles; ils modifient la hausse si les résultats de cette observation le font juger nécessaire. Aux petites distances, la tension des trajectoires est telle que le réglage du tir sera toujours suffisamment assuré pourvu que l'on prenne la ligne de mire de 400 mètres.

Dans l'observation des points d'arrivée, il faut tenir compte de ce que, dans un tir bien réglé, la moitié des projectiles doit tomber en deçà du but. La poussière produite par les balles en avant de l'objectif n'est pas une preuve que le tir est trop court ; l'absence de poussière sur un sol favorable à l'observation des coups est au contraire un indice certain que le tir est trop long. La zone battue doit commencer à 200 mètres en deçà du but pour des tirs exécutés à des distances dépassant 600 mètres.

Sur les terrains ondulés, l'existence entre les tireurs et le but d'une dépression dont on n'aperçoit pas le fond peut rendre très difficile l'observation des points d'arrivée. Si la gerbe s'abat dans cette dépression, elle ne produit pas toujours une poussière assez élevée pour être aperçue par les tireurs ; ceux-ci peuvent donc croire que le tir est trop long alors qu'il est en réalité trop court.

Lorsque des observateurs sont placés très en dehors sur les flancs de la troupe qui exécute les feux, un tir trop court et bon en direction peut sembler à gauche à un observateur de droite et à droite à un observateur de gauche. Inversement, un tir trop long et bon en direction peut paraître à droite à un observateur de droite et à gauche à un observateur de gauche. Il est nécessaire de tenir compte de ces causes d'erreurs dans l'appréciation des points d'arrivée sur le sol.

**193.** L'emploi simultané de plusieurs hausses contre un même objectif augmente la profondeur du terrain battu au détriment de la densité des coups. Ce procédé peut être appliqué exceptionnellement lorsque l'incertitude sur la valeur exacte de la distance du but atteint ou dépasse 200 mètres. On peut alors faire usage de deux hausses différant entre elles de 200 mètres.

L'emploi simultané de plusieurs hausses dans les fractions constituées plus faibles que la section est interdit.

## ARTICLE 5.

### Influence de la forme du terrain sur les résultats du tir.

**194.** Lorsque le terrain est accidenté, la profondeur rasée et battue par les gerbes est diminuée si la portion du sol sur laquelle tombent les projectiles est inclinée au-dessus de la ligne de mire. Cette profondeur est au contraire augmentée si les gerbes tombent sur une partie du terrain inclinée au-dessous de la ligne de mire.

Les capitaines, les chefs de bataillon et les commandants des unités plus fortes, tout en se conformant aux prescriptions du règlement sur les manœuvres, doivent autant que possible observer les recommandations suivantes :

Contre une position dont l'ennemi occupe la crête, il y a avantage à employer les feux à volonté sur un large front, de manière à raser et à battre en arrière de cette crête la plus grande étendue de terrain possible. Par contre, quand on occupe soi-même une position de cette nature, il y a lieu de faire prendre aux soutiens et aux réserves des formations à front étroit, de les placer en arrière des intervalles vides s'il en existe sur la chaîne ou de les abriter derrière des obstacles naturels du terrain.

## ARTICLE 6.

### Vulnérabilité relative des diverses formations.

**195.** Toutes les formations ne sont pas également vulnérables. Les unes le sont déjà à 2,000 mètres de l'ennemi, les autres ne le deviennent qu'à des distances plus faibles.

On abandonnera certaines formations aux distances où elles deviennent trop vulnérables pour en adopter d'autres qui le soient moins.

La connaissance de notions précises sur la vulnérabilité des diverses formations ne permet pas seulement d'augmenter l'efficacité des feux, elle permet encore de se garantir en partie des effets des feux de l'adversaire.

**196.** Aux distances supérieures à 700 mètres, l'homme isolé n'est atteint qu'exceptionnellement. Entre 400 et 700 mètres, la dépense de munitions nécessaire pour le toucher est encore considérable. L'homme à genou est à peu près aussi vulnérable que l'homme debout.

Les formations en ligne sont vulnérables à des distances d'autant plus grandes que leur front est plus étendu. L'escouade est vulnérable si elle se trouve à moins de 1,000 mètres de l'ennemi. La vulnérabilité de la demi-section commence vers 1,200 mètres, celle de la section, vers 1,400, celle du peloton, vers 1,600 et celle de la compagnie, vers 1,800 mètres.

Les sections marchant par le flanc ne sont vulnérables qu'à partir de 1,300 mètres. Entre 1,300 et 1,000 mètres, elles sont moins atteintes que les formations en ligne, si elles ne sont pas trop prises d'écharpe.

Les formations en colonnes sont celles qui exposent aux pertes les plus considérables. La colonne de peloton est vulnérable depuis 1,800 mètres; la colonne de compagnie l'est depuis 2,000 mètres.

**197.** Les règles qui viennent d'être exposées

indiquent la valeur des feux et les résultats qu'on peut en attendre lorsqu'ils sont bien dirigés et exécutés avec la rapidité voulue. Toutefois, il convient de rappeler que cette rapidité ne doit pas être obtenue au détriment de la justesse.

**198.** Toutes les dispositions antérieures au présent Règlement sont abrogées.

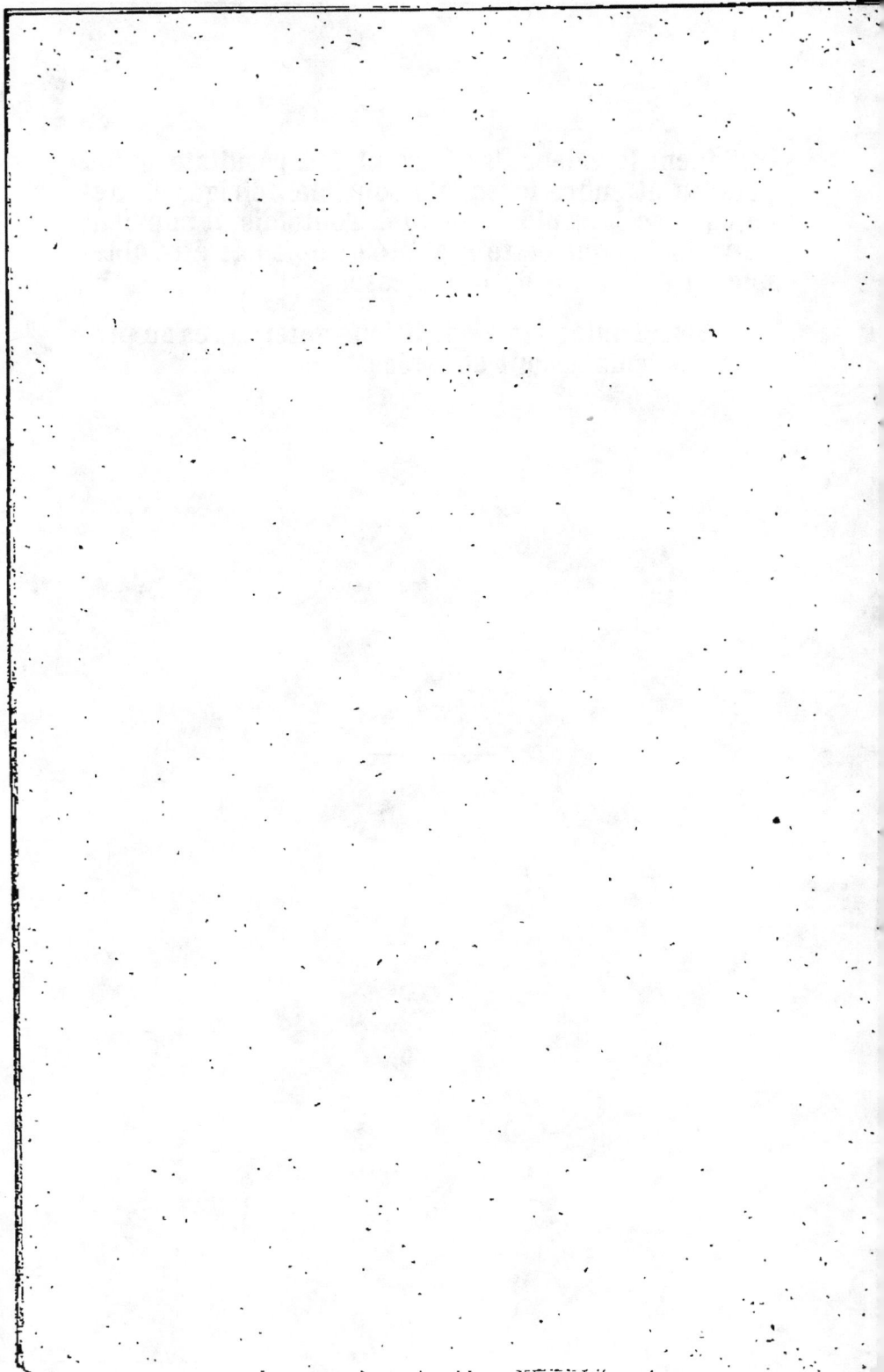

# COMPTABILITÉ

---

## MODÈLES

MODELE N° 1.

Format $\left\{\begin{array}{l}\text{1/4 de feuille}\\ \text{papier écolier.}\end{array}\right.$

# ᵉ RÉGIMENT D'INFANTERIE

## ᵉ BATAILLON    ᵉ COMPAGNIE

### 5ᵉ tir individuel : 200 mètres.

12 avril 1888.
12 tireurs. — 3 indisponibles.

| NOMS. | GRADES. | RÉSULTATS EN POINTS. | | | | | | TOTAUX | |
|---|---|---|---|---|---|---|---|---|---|
| | | 1 | 2 | 3 | 4 | 5 | 6 | des balles mises. | des points. |
| | | | | | | | | | |
| | | | | | | | | | |
| | | | | | | | | | |
| | | | | | | | | | |

Balles mises : *trente-sept.*
Point obtenus : *cinquante et un.*

Le Capitaine,

MODÈLE N° 2.

Format { 1/4 de feuille papier écolier.

# RÉGIMENT D'INFANTERIE

## BATAILLON    COMPAGNIE

### Tir de retardataires.

6 mai 1888.
13ᵉ TIR INDIVIDUEL : 400 mètres. — 4 tireurs.

| NOMS. | GRADES. | RÉSULTATS EN POINTS. | | | | | | TOTAUX | |
|---|---|---|---|---|---|---|---|---|---|
| | | 1 | 2 | 3 | 4 | 5 | 6 | des balles mises. | des points. |
| | | | | | | | | | |

Balles mises : *quatorze.*
Points obtenus : *vingt.*

*Le Capitaine.*

MODÈLE Nº 3.
Format : 1/4 de feuille
papier écolier.

# e RÉGIMENT D'INFANTERIE

## e BATAILLON.     e COMPAGNIE

### Tir collectif.

Feu de salve (ou à volonté, ou rapide). 28 juin 1888. (Recto.)

| FRACTION CONSTITUÉE qui a exécuté le tir. | DISTANCE [1]. | NOMBRE DES TIREURS. | NOMBRE des balles tirées. | NOMBRE des balles mises. | POUR CENT. | DURÉE DU TIR [2]. | VITESSE [2]. | EFFET UTILE [2]. | CIRCONS-TANCES atmosphé-riques. | RENSEI-GNEMENTS sur les munitions. |
|---|---|---|---|---|---|---|---|---|---|---|
| | | | | | | | | | Tempé-rature : Direction du vent : Vitesse du vent : | Étuis : VIS 3-86. Balles : Px. Poudre . B. SL 1-87. VIS 3-1-87 |
| Totaux. | | | | | | | | | | Cartouches Mle 1886. Lot 3 E.D. |

Point visé :
Hausses employées :
Position des tireurs :

1. Dans les tirs de réglage à distance inconnue, la distance est mesurée après l'exécution des feux.
2. Ces trois colonnes ne sont remplies que pour les feux rapides.

Balles mises.

Le Capitaine,

(Verso.)     **Indisponibles.**

| NOMS | GRADES. | MOTIFS DE L'INDISPONIBILITÉ. |
|---|---|---|
| Total des indis-ponibles. . . . . . | | |

MODÈLE N° 4.

Format { 1/4 de feuille
{ papier écolier.

# RÉGIMENT D'INFANTERIE

## Tir de combat de (compagnie ou bataillon).

| DISTANCES[1] | HAUSSES employées. | NOMBRE des tireurs. | NOMBRE des balles tirées. | NOMBRE des balles mises. | POUR CENT. | CIRCONSTANCES atmosphériques. | RENSEIGNEMENTS sur les munitions. | OBSERVATIONS[2] |
|---|---|---|---|---|---|---|---|---|
| **1re PÉRIODE. (De 800 à 400 mètres.)** | | | | | | | | |
| 600 | 600 | 120 | 360 | | | | | |
| 520 | 500 | 120 | 360 | 90 | 7.14 | | | |
| 440 | 400 | 140 | 540 | | | | | |
| | | | 1,260 | | | | | |
| **2e PÉRIODE. (De 400 à 200 mètres.)** | | | | | | | | |
| 400 | 400 | 240 | 720 | | | | | |
| 340 | 400 | 240 | 720 | 383 | 13.30 | | | |
| 290 | 400 | 240 | 720 | | | | | |
| 250 | 400 | 240 | 720 | | | | | |
| | | | 2,880 | | | | | |
| **3e PÉRIODE. (Feu rapide à 200 mètres.)** | | | | | | | | |
| 185 | 400 | 240 | 960 | 107 | 11.15 | | | |
| **RÉSULTATS D'ENSEMBLE.** | | | | | | | | |
| | | 240 | 5,100 | 580 | 11.37 | | | |

1. Les distances sont mesurées après le tir.
2. Indiquer dans cette colonne les unités qui ont contribué à la formation de la compagnie ou du bataillon de manœuvre.

A          , le 13 août 1888.
Le (Capitaine ou Chef de bataillon),

MODÈLE N° 5.

—

Format du registre
de comptabilité.

# ᵉ RÉGIMENT D'INFANTERIE

---

ᵉ BATAILLON. — ᵉ COMPAGNIE.

---

# REGISTRE DE TIR

## DE LA COMPAGNIE

---

ANNÉE 1888

Nom de l'adjudant
chargé des inscriptions. } . . . . . . . . . . . .

## Contrôle pour l'inscription des points

1re page. — Verso.

| NOMS. | GRADES. | TIRS ANTÉRIEURS. | | 4e SÉANCE : 200m. Position à genou. | | 5e SÉANCE : 200 m. Position debout. | | 6e SÉANCE : 300 m. Position debout. | | 7e SÉANCE : 400 m. Position à genou. | | 8e SÉANCE : 400 m. Position couchée. | | 9e SÉANCE : 600 m. Position couchée. | |
|---|---|---|---|---|---|---|---|---|---|---|---|---|---|---|---|
| | | Balles. | Points. | Balles. | Points. | Balles. | Points. | Balles. | Points. | Balles. | Points. | Balles. | Points. | Balles. | Points. |
| 1re SECTION. A . . . . . . 1re escouade. | Sergt. | | | | | | | | | | | | | | |
| A reporter . . . . | | | | | | | | | | | | | | | |

BLEAU.

obtenus dans les tirs individuels.

Recto.

| 10e séance : 200m. Position debout. | | 11e séance : 200m. Position à genou. | | 12e séance : 250m. Position debout. | | 13e séance : 400m. Position à genou. | | 14e séance : 350m. Position à genou. | | 15e séance : 200m. Position debout. | | TOTAUX. | | CLASSEMENT. | MUTATIONS et OBSERVATIONS. |
|---|---|---|---|---|---|---|---|---|---|---|---|---|---|---|
| Balles. | Points. | Balles. | Points. | Balles. | Points. | Balles. | Points. | Balles. | Points. | Balles. | Points. | Balles. | Points. | | |

2e page et suivantes. — Verso.

| NOMS. | GRADES. | TIRS ANTÉRIEURS. | | 4e SÉANCE : 200m. Position à genou. | | 5e SÉANCE : 200m. Position debout. | | 6e SÉANCE : 300m. Position debout. | | 7e SÉANCE : 400m. Position à genou. | | 8e SÉANCE : 400m. Position couchée. | | 9e SÉANCE : 600m. Position couchée. | |
|---|---|---|---|---|---|---|---|---|---|---|---|---|---|---|---|
| | | Balles. | Points. | Balles. | Points. | Balles. | Points. | Balles. | Points. | Balles. | Points. | Balles. | Points. | Balles. | Points. |
| Report . . . | | | | | | | | | | | | | | | |
| A reporter . . . | | | | | | | | | | | | | | | |

Recto.

| Balles. | Points. | Balles. | Points. | Balles. | Points. | Balles. | Points. | Balles. | Points. | Balles. | Points. | Balles. | Points. | TOTAUX. | CLASSEMENT. | MUTATIONS et OBSERVATIONS. |
|---|---|---|---|---|---|---|---|---|---|---|---|---|---|---|---|---|
| 10e séance : 200m, Position debout. | | 11e séance : 200m, Position à genou. | | 12e séance : 250m, Position debout. | | 13e séance : 400m, Position à genou. | | 14e séance : 350m, Position à genou. | | 15e séance : 200m, Position debout. | | | | | | |
| | | | | | | | | | | | | | | | | |
| | | | | | | | | | | | | | | | | |

Dernière page. — Verso.

| NOMS. | GRADES. | TIRÉ ANTÉRIEURS. | | 4e séance : 200m. Position à genou. | | 5e séance : 200m. Position debout. | | 6e séance : 300m. Position debout. | | 7e séance : 400m. Position à genou. | | 8e séance : 400m. Position couchée. | | 9e séance : 600m. Position couchée. | |
|---|---|---|---|---|---|---|---|---|---|---|---|---|---|---|---|
| | | Balles. | Points. | Balles. | Points. | Balles. | Points. | Balles. | Points. | Balles. | Points. | Balles. | Points. | Balles. | Points. |
| Report . . . | | | | | | | | | | | | | | | |
| TOTAUX { des balles mises. . { des points | | | | | | | | | | | | | | | |
| Nombre des tireurs. | | | | | | | | | | | | | | | |
| TOTAUX des balles tirées. . . . | | | | | | | | | | | | | | | |
| Pour cent des balles tirées . . . . | | | | | | | | | | | | | | | |

| 10e SÉANCE: 200m. Position debout. | | 11e SÉANCE: 200m. Position h genou. | | 12e SÉANCE: 250m. Position debout. | | 13e SÉANCE: 400m. Position h genou. | | 14e SÉANCE: 350m. Position h genou. | | 15e SÉANCE: 200m. Position debout. | | TOTAUX. | | CLASSEMENT. | MUTATIONS et OBSERVATIONS. |
|---|---|---|---|---|---|---|---|---|---|---|---|---|---|---|---|
| Balles. | Points. | Balles. | Points. | Balles. | Points. | Balles. | Points. | Balles. | Points. | Balles. | Points. | Balles. | Points. | | |
| | | | | | | | | | | | | | | | |
| | | | | | | | | | | | | | | | |
| | | | | | | | | | | | | | | | |
| | | | | | | | | | | | | | | | |
| | | | | | | | | | | | | | | | |
| | | | | | | | | | | | | | | | |
| | | | | | | | | | | | | | | | |

## 2e TABLEAU.
### Tirs collectifs.

Verso.     Recto.

| NUMÉROS des séances, distances, dates, hausses employées et positions des tireurs. | ESPÈCES de tirs. | NOMBRE des tireurs. | NOMBRE des balles tirées. | NOMBRE des balles mises. | POUR CENT. | DURÉE du tir [1]. | VITESSE [1]. | EFFET UTILE [1]. | CIRCONSTANCES atmosphériques. | RENSEIGNEMENTS sur les munitions. |
|---|---|---|---|---|---|---|---|---|---|---|
| 1re séance à 680 m. 17 août 1888. Hausse de 550 m. Position du tireur à genou. | Feux de salve d'escouade. | | | | | | | | | |
| Totaux..... | | | | | | | | | | |
| 2e séance. | Feux de salve de demi-section. | | | | | | | | | |
| Totaux. | | | | | | | | | | |

| 8e séance. | Feux de salve de section. | | | | | | | Totaux. . . . . |
| 4e séance. | Feux à volonté en avançant. | | | | | | | Totaux. . . . . |
| 5e séance. | Feux rapides. | | | | | | | Totaux. . . . . |
| 6e séance. | Feux d'attaque. | | | | | | | Totaux. . . . . |

1. Ces colonnes ne sont remplies que pour les feux rapides.

MODÈLE N° 6.

Format du livret individuel.

## Tir à la cible.

| NOMS. | NOMBRE DE POINTS OBTENUS. | | | | | | | | | | | | TOTAUX | CLASSEMENT | PRIX DE TIR. | | | | | OBSERVATIONS. |
|---|---|---|---|---|---|---|---|---|---|---|---|---|---|---|---|---|---|---|---|---|
| | 4e tir. | 5e tir. | 6e tir. | 7e tir. | 8e tir. | 9e tir. | 10e tir. | 11e tir. | 12e tir. | 13e tir. | 14e tir. | 15e tir. | | | ÉPINGLETTES avec cor de chasse en argent doré. | ÉPINGLETTES avec cor de chasse en argent. | cors de chasse brodés. | MÉDAILLES d'argent. | MÉDAILLES de bronze. | |

MENTIONS HONORIFIQUES.[1]

[1] EXEMPLES DE MENTIONS.

Prix antérieurs à l'incorporation . . . . . . En 1885, au concours de la Société de. . . une médaille de bronze. — *Le Capitaine,*

Prix de l'année. . . . . . . . . . . . . . En 1888, un cor de chasse brodé. — *Le Capitaine,*

Prix de l'année. . . . . . . . . . . . . . En 1889, un cor de chasse brodé et l'épinglette 1er prix. — *Le Capitaine,*

Prix de concours . . . . . . . . . . . . . En 1889, une épinglette en argent. — *Le Capitaine,*

Prix divers . . . . . . . . . . . . . . . En 1889, au concours de la Société de. . . une montre en argent. — *Le Capitaine,*

MODÈLE N° 7.

Format. $\left\{ \begin{array}{l} \text{Hauteur : } 0^m,18. \\ \text{Largeur : } 0^m,12. \end{array} \right.$

Page 1.

## RÉGIMENT D'INFANTERIE

## CARNET DE TIR

DU ⸱ᵉ BATAILLON

POUR L'ANNÉE 1888

M....................................., *officier de tir.*

6.

Recto.

Verso.

# 1ᵉʳ TABLEAU¹.

## Tir préparatoire. — 1re séance. — 100 mètres.

| DATES DES TIRS. | 1re COMPAGNIE. | | 2e COMPAGNIE. | | 3e COMPAGNIE. | | 4e COMPAGNIE. | | | | | | OBSERVATIONS. (Circonstances atmosphériques, renseignements sur les munitions, incidents divers, etc.) |
|---|---|---|---|---|---|---|---|---|---|---|---|---|---|
| | Tireurs. | Balles mises. | Tireurs. | Balles mises. | Tireurs. | Balles mises. | Tireurs. | Balles mises. | Tireurs. | Balles mises. | Tireurs. | Balles mises. | |
| Totaux { des tireurs. des balles tirées. des balles mises. | | | | | | | | | | | | | |
| Pour cent. | | | | | | | | | | | | | |

4e TABLEAU.[1]

**Tir individuel d'instruction. — 4e séance. — 200 mètres.**

Verso. Recto.

| DATES DES TIRS. | 1re COMPAGNIE. | | 2e COMPAGNIE. | | 3e COMPAGNIE. | | 4e COMPAGNIE. | | | | | | | | OBSERVATIONS. (Circonstances atmosphériques, renseignements sur les munitions, incidents divers, etc.) |
|---|---|---|---|---|---|---|---|---|---|---|---|---|---|---|---|
| | Tireurs. | Balles mises. | Tireurs. | Balles mises. | Tireurs. | Balles mises. | Tireurs. | Balles mises. | Tireurs. | Balles mises. | Tireurs. | Balles mises. | Tireurs. | Balles mises. | |
| Totaux { des tireurs. des balles tirées. des balles mises. | | | | | | | | | | | | | | | |
| Pour cent. | | | | | | | | | | | | | | | |

1. Les tableaux nos 5, 6, 7, 8, 9, 10 et 11 sont analogues au 1er tableau.

Verso.

Recto.

## 12e TABLEAU [1]

## Tir individuel d'application. — 12e séance. — 250 mètres.

| DATES DES TIRS. | 1re COMPAGNIE. | | 2e COMPAGNIE. | | 3e COMPAGNIE. | | 4e COMPAGNIE. | | | | | | OBSERVATIONS. (Circonstances atmosphériques, renseignements sur les munitions, incidents divers, etc.) |
|---|---|---|---|---|---|---|---|---|---|---|---|---|---|
| | Tireurs. | Balles mises. | Tireurs. | Balles mises. | Tireurs. | Balles mises. | Tireurs. | Balles mises. | Tireurs. | Balles mises. | Tireurs. | Balles mises. | |
| Totaux { des tireurs, { des balles tirées. | | | | | | | | | | | | | |
| { des balles mises. | | | | | | | | | | | | | |
| Pour cent. | | | | | | | | | | | | | |

1. Les tableaux nos 13, 14 et 15 sont analogues au 12e tableau.

# 16ᵉ TABLEAU

## Tirs collectifs. — Feux de salve.

Verso.                                                    Recto.

| DATES des TIRS. | NUMÉROS des compagnies. | NOMBRE des tireurs. | NOMBRE des balles tirées. | NOMBRE des balles mises. | POUR. CENT. | OBSERVATIONS. (Circonstances atmosphériques, renseignements sur les munitions, incidents divers, etc.) |
|---|---|---|---|---|---|---|
| **FEUX DE SALVE D'ESCOUADE. — 600 MÈTRES.** | | | | | | |
| 4 | 1re. | | | | | |
| | 2e | | | | | |
| | 3e | | | | | |
| | 4e | | | | | |
| Totaux.... | | | | | | |
| **FEUX DE SALVE DE DEMI-SECTION. — 800 MÈTRES.** | | | | | | |
| | 1re | | | | | |
| | 2e | | | | | |
| | 3e | | | | | |
| | 4e | | | | | |
| Totaux.... | | | | | | |
| **FEUX DE SALVE DE SECTION. — 1,000 MÈTRES.** | | | | | | |
| | 1re | | | | | |
| | 2e | | | | | |
| | 3e | | | | | |
| | 4e | | | | | |
| Totaux.... | | | | | | |

# 17.ᵉ TABLEAU

## Tirs collectifs. — Feux à volonté.

Verso.                                                                    Recto.

| DATES des TIRS. | NUMÉROS des compagnies. | NOMBRE des tireurs. | NOMBRE des balles tirées. | NOMBRE des balles mises. | POUR CENT. | DURÉE DU TIR [1]. | VITESSE [1]. | EFFET UTILE [1]. | OBSERVATIONS. (Circonstances atmosphériques, renseignements sur les munitions, incidents divers, etc.) |
|---|---|---|---|---|---|---|---|---|---|
| **FEUX A VOLONTÉ EN AVANÇANT. — DE 600 A 500 MÈTRES.** | | | | | | | | | |
| 1re.. | | | | | | | | | |
| 2e .. | | | | | | | | | |
| 3e .. | | | | | | | | | |
| 4e .. | | | | | | | | | |
| Totaux.. | | | | | | | | | |
| **FEUX RAPIDES. — 350 MÈTRES.** | | | | | | | | | |
| 1re.. | | | | | | | | | |
| 2e .. | | | | | | | | | |
| 3e .. | | | | | | | | | |
| 4e .. | | | | | | | | | |
| Totaux. . | | | | | | | | | |
| **FEUX D'ATTAQUE. — DE 200 A 100 MÈTRES.** | | | | | | | | | |
| 1re. . | | | | | | | | | |
| 2e .. | | | | | | | | | |
| 3e .. | | | | | | | | | |
| 4e .. | | | | | | | | | |
| Totaux. . | | | | | | | | | |

1. Ces colonnes ne sont remplies que pour les feux rapides.

# 18ᵉ TABLEAU

## Tirs préparatoires de combat.
## Tirs de réglage.

Verso.                                                                    Recto.

| DATES des TIRS. | NUMÉROS des compagnies. | NOMBRE des tireurs. | NOMBRE des balles tirées. | NOMBRE des balles mises. | POUR CENT. | OBSERVATIONS. (Circonstances atmosphériques, renseignements sur les munitions, incidents divers, etc.) |
|---|---|---|---|---|---|---|
| **FEUX DE SALVE DE DEMI-SECTION.** Distance inconnue, entre 600 et 1,000 mètres. | | | | | | |
| 1ʳᵉ | | | | | | |
| 2ᵉ | | | | | | |
| 3ᵉ | | | | | | |
| 4ᵉ | | | | | | |
| Totaux | | | | | | |
| **FEUX DE SALVE DE SECTION.** Distance inconnue, entre 800 et 1,200 mètres. | | | | | | |
| 1ʳᵉ | | | | | | |
| 2ᵉ | | | | | | |
| 3ᵉ | | | | | | |
| 4ᵉ | | | | | | |
| Totaux | | | | | | |
| **FEUX DE SALVE DE SECTION SUR PLUSIEURS DISPOSITIFS FIXES OU SUR UN BUT ROULANT.** Distances inconnues, entre 600 et 1,200 mètres. | | | | | | |
| 1ʳᵉ | | | | | | |
| 2ᵉ | | | | | | |
| 3ᵉ | | | | | | |
| 4ᵉ | | | | | | |
| Totaux | | | | | | |

## 19e TABLEAU

### Tirs collectifs de combat.
### De 800 à 200 mètres.

Verso.                  Recto.

| DATES des TIRS. | INDICATION des PÉRIODES. | NOMBRE des tireurs. | NOMBRE des balles tirées. | NOMBRE des balles mises. | POUR CENT. | OBSERVATIONS. (Circonstances atmosphériques, renseignements sur les munitions, incidents divers, etc.) |
|---|---|---|---|---|---|---|
| | **TIRS DE COMBAT DE COMPAGNIE.** | | | | | |
| | 1re période. | | | | | |
| | 2e période. | | | | | |
| | 3e période. | | | | | |
| | Résultats d'ensemble. | | | | | |
| Totaux . . . . . | | | | | | |
| | **TIRS DE COMBAT DE BATAILLON.** | | | | | |
| | 1re période. | | | | | |
| | 2e période. | | | | | |
| | 3e période. | | | | | |
| | Résultats d'ensemble. | | | | | |
| Totaux . . . . . | | | | | | |

# 20ᵉ TABLEAU [1]

## Tirs de perfectionnement.
## 1ʳᵉ classe de tireurs.

Verso.          Recto.

| DATES des tirs. | ESPÈCES de tirs. | DISTANCES. | NOMBRE des tireurs. | NOMBRE des balles tirées. | NOMBRE des balles mises. | POUR CENT. | OBSERVATIONS. (Circonstances atmosphériques, renseignements sur les munitions, incidents divers, etc.) |
|---|---|---|---|---|---|---|---|
| | | | | | | | |
| Totaux.... | | | | | | | |

1. Les tableaux nᵒˢ 21 et 22 sont analogues au 20ᵉ tableau. Ils concernent la 2ᵉ et la 3ᵉ classe de tireurs.

## 23e TABLEAU

### Tirs divers. — Munitions.

Verso.                                                                Recto.

| Tirs des officiers, des-adjudants et des sergents-majors. | Tirs d'essai. | Tirs de réglage. | Tirs de concours. | Tirs divers. | Cartouches ratées ou avariées. | Totaux. | Tirs des officiers, des adjudants et des sergents-majors. | Tirs d'essai. | Tirs de réglage. | Tirs de concours. | Tirs divers. | Cartouches ratées ou avariées. | Totaux. |
|---|---|---|---|---|---|---|---|---|---|---|---|---|---|
| | | | | | | | | | | | | | |

**NOMBRE** DES CARTOUCHES CONSOMMÉES. (verso)

**NOMBRE** DES CARTOUCHES CONSOMMÉES. (recto)

*Report.*

À reporter . . . .

Totaux. . . . .

# 24e TABLEAU

## Tirs au revolver.

Verso.                                                                 Recto.

| DATES des TIRS. | NOMBRE des tireurs. | NOMBRE des balles tirées. | NOMBRE des balles mises. | POUR CENT. | OBSERVATIONS. | DATES des TIRS. | NOMBRE des tireurs. | NOMBRE des balles tirées. | NOMBRE des balles mises. | POUR CENT. | OBSERVATIONS. |
|---|---|---|---|---|---|---|---|---|---|---|---|
| **1re SÉANCE.** *Tir intermittent à 15 mètres.* | | | | | | **4e SÉANCE.** *Tir intermittent à 30 mètres.* | | | | | |
| | | | | | | | | | | | |
| Totaux. | | | | | | Totaux. | | | | | |
| **2e SÉANCE.** *Tir intermittent à 15 mètres.* | | | | | | **5e SÉANCE.** *Tir continu à 15 mètres.* | | | | | |
| | | | | | | | | | | | |
| Totaux. | | | | | | Totaux. | | | | | |
| **3e SÉANCE.** *Tir intermittent à 30 mètres.* | | | | | | **6e SÉANCE.** *Tir continu à 15 mètres.* | | | | | |
| | | | | | | | | | | | |
| Totaux. | | | | | | Totaux. | | | | | |

# 25<sup>e</sup> TABLEAU

## Renseignements sur les munitions consommées.

Verso.                                                                                    Recto.

| ESPÈCES de TIRS, | NOMBRE de cartouches brûlées. | MODÈLE DES CARTOUCHES, provenance, époques de chargement et nos des lots. | RATÉS ABSOLUS. | LONGS FEUX. | RUPTURES D'ÉTUIS. | DIFFICULTÉS de manœuvre dues à la cartouche. | | RENSEIGNEMENTS GÉNÉRAUX sur la valeur des tirs. |
|---|---|---|---|---|---|---|---|---|
| | | | | | | | | |

MODÈLE No 8.

Format $\begin{cases} \text{1/2 feuille} \\ \text{papier écolier.} \end{cases}$

# ᶻ RÉGIMENT D'INFANTERIE

## COMPTE RENDU DE LA SÉANCE DE TIR
du. . . . . . . . . 18 .

### Tir individuel d'instruction
(ou d'application, de combat, de perfectionnement).
. . . . . . . . mètres.

| NUMÉROS | | NOMBRE DES TIREURS. | NOMBRE des balles tirées. | NOMBRE des balles mises. | POUR CENT. | OBSERVATIONS. (Circonstances atmosphériques, renseignements sur les munitions, incidents divers, etc.) |
|---|---|---|---|---|---|---|
| des bataillons. | des compagnies. | | | | | |
| | | | | | | |
| Totaux. | | | | | | |

A. . . . . . . . . ., le. . . . . . . . 18 .

*Le Capitaine de tir,*

7.

MODÈLE N° 9.

Format } 1/2 feuille papier écolier.

# ᵉ RÉGIMENT D'INFANTERIE

## COMPTE RENDU DE LA SÉANCE DE TIR
## du . . . . . . . . 18

### Tirs collectifs.

Genre de tir :

| NUMÉROS | | DISTANCES DE TIR. | NOMBRE DES TIREURS. | NOMBRE des balles tirées. | NOMBRE des balles mises. | POUR CENT. | DURÉE DU TIR[1]. | VITESSE[1]. | EFFET UTILE[1]. | OBSERVATIONS. |
|---|---|---|---|---|---|---|---|---|---|---|
| des bataillons. | des compagnies. | | | | | | | | | (Circonstances atmosphériques, renseignements sur les munitions, incidents divers, etc.) |
| | | | | | | | | | | |
| Totaux. | | | | | | | | | | |

A . . . . . . . , le . . . . . . . 18 .

*Le Capitaine de tir,*

1. Ces colonnes ne sont remplies que pour les feux rapides.

e CORPS D'ARMÉE.

e DIVISION.

e BRIGADE.

MODÈLE N° 10.

Format du registre
de comptabilité.

## COMPTABILITÉ

## e RÉGIMENT D'INFANTERIE

# RAPPORT ANNUEL
# SUR LE SERVICE DU TIR

### ANNÉE 18 .

Verso.

Lieux de garnison. $\left\{ \begin{array}{l} \dots \dots \\ \dots \dots \\ \dots \dots \end{array} \right.$

# 1re PARTIE.

*Renseignements et observations concernant le service du tir.*

——

. . . . . . . . . . . . . . . . .

. . . . . . . . . . . . . . . . .

. . . . . . . . . . . . . . . . .

A. . . . . . . . , le . . . . . . .

*Le Colonel,*

## OBSERVATIONS DU GÉNÉRAL DE BRIGADE.

A               , le

*Le Général,*

## OBSERVATIONS DU GÉNÉRAL DE DIVISION.

A               le

*Le Général,*

Verso.

# 2e PARTIE.

## *Récapitulation des munitions consommées.*

---

| | | | |
|---|---|---|---|
| Fusil | Cartouches tirées | à balle | |
| | | sans balle | |
| | Cartouches allouées | à balle | |
| | | sans balle | |

Total des cartouches non consommées { à balle

{ sans balle

| | | | |
|---|---|---|---|
| Revolver | Cartouches tirées | à balle | |
| | | sans balle | |
| | Cartouches allouées | à balle | |
| | | sans balle | |

Total des cartouches non consommées { à balle

{ sans balle

A . . . . . . . . , le . . . . . .

*Le Colonel,*

# TABLE DES MATIÈRES

---

www.ingramcontent.com/pod-product-compliance
Lightning Source LLC
Chambersburg PA
CBHW052034270326
41931CB00012B/2490